Presente Como Un Pro ™

Para Networkers

CUANDO TU PRESENTACIÓN SE SIENTA COMO UNA CONVERSACIÓN, ya llegaste.

-Lerrod E. Smalls

Presente Como Un Pro™ Para Networkers

ELIMINE EL MIEDO, CIERRE LA SALA, Y SUBA A LA CIMA DEL NETWORK MARKETING

LERROD E. SMALLS

Brooklyn, NY

Impreso en los Estados Unidos de América
Primera impresión, 2015

LerrodSmalls.com

www.PresentLikeAPro.net

Editado por Kate Henches

Diseño de portada, Shanda Holmes

Foto del el Autor, Oscar Solís

Acerca de Presente como un Pro™

http://PresentLikeAPro.net fue desarrollado para ser un recurso gratuito para ayudar a todos los distribuidores de Multi-Level Marketing, a adquirir la habilidad necesaria de realizar presentaciones eficaces. Nos complace mucho el compartir vídeos de formación y guías de estrategia para ayudarle a escalar los escalafones de nuestra industria.

Para obtener información acerca de cómo imprimir una edición personalizada del presente como un profesional para Networkers, envíe un correo electrónico a SpeakUp@PresentLikeAPro.net

PROGRAMA DE DESCUENTO POR CANTIDAD

Nuestro objetivo es poner este libro en las manos de tantas personas como sea posible. Hemos creado un programa de descuento por volumen que ofrece a los líderes que estén interesadas en la construcción de grandes equipos de poderosos distribuidores independientes, la confianza de hablar frente audiencias de todo el mundo. Le sugerimos obtener copias para socios nuevos, toda la organización, y tenerlos disponibles para todos sus eventos.

1-9	---	$12 cada uno
10/24	---	$10 cada uno
25-49	---	$8 cada uno
50-99	---	$7 cada uno
100-499	---	$6 cada uno
500-999	---	$5 cada uno
1000	---	$4 cada uno

Cantidades grandes se pueden ordenar en http://PresentLikeAPro.net/Store

Siéntase en libertad de enviar preguntas o solicitudes de eventos a SpeakUp@PresentLikeAPro.net

Dedicación

Este libro está dedicado a mis hijos, las bendiciones más grandes de Dios; mi primer hijo Lerrod E. Smalls II, mi princesa London Arielle Smalls, y mi hijo más joven Lathan Quaid Smalls. Oro para que ustedes aprendan de cada estrategia, del fracaso, del éxito y de la experiencia que he cosechado. Úsenlos como escalones, para que lleguen a lo más alto y sean más felices de lo que ha sido posible para mí.

Que Dios les bendiga.

Lerrod Smalls es un orador amigable, orientado a la acción y con un mensaje poderoso para los empresarios. He visto el crecimiento de Lerrod como líder en esta industria y tengo que admitir que es impresionante. Él ha escrito un libro muy inspirador con estrategias relevantes exitosas para dar presentaciones eficaces para cualquier negocio de MLM.

Esto, más que un libro de motivación, es una herramienta de recursos realísticos que van a cambiar su vida, que cualquier persona puede utilizar como guía para llegar a los más altos niveles del direct marketing.

-Barry L Donalson, CDSP
Autor, Orador y Empresario Global

Agradecimientos

> *"Nos paramos erguidos y altos en este mundo no por lo alto de nuestros alcances, sino por los hombros de los gigantes en los que nos paramos... Así que cuidado con los tacones."*

-Lerrod Smalls

En primer lugar, tengo que dar su debida alabanza al Altísimo. Gracias a Dios, porque sin su favor inmerecido, mi indignidad habría bloqueado todas las bendiciones que he disfrutado en mi vida.

Los más altos honores a mi madre, Juanelle. Aunque tu cuerpo no ha sido visto desde 1996, los efectos residuales de tu devoción desinteresada como madre, mentor y amiga se pueden ver en todo lo bueno que soy y llegaré a ser.

A mi amada esposa, Qahira, quien se jugó la suerte con un soñador. Tu eres exactamente lo que prometiste ser el día que nos casamos; ese hecho por sí solo merece mi dedicación inquebrantable. Este mundo es grande y hermoso, y deseo vivenciarlo todo contigo.

Gracias a mi padre, Rodney Smalls, por demostrar que una vida con libertad es posible para mí. Tu has roto la barrera entre tener una vida ordinaria y ser extraordinario en nuestra familia.

A mis finados abuelos y mis muchas tías, tíos, primos, hermanas y hermanos unidos por la sangre y por el amor, soy bendecido de llamarlos familia. Es mi experiencia con ustedes la que me ha dado forma a mi pensamiento de lo que yo podría ser. Espero que se sientan orgullosos por su trabajo.

Un reconocimiento muy especial a mi suegra-Gloria, quien ha sacrificado tanto en los últimos años para ayudar me a brillar. Por alguna razón, usted ha elegido ser mi mayor admiradora, y estoy realmente agradecido. A mi tía Lynelle Mahon, quien continuó el trabajo como mi madre cuando nadie más pudo o quiso hacerse cargo. Mientras yo tenga, usted también tendrá.

Muchísimas gracias a Robert Knight y Kevin Johnson, dos grandes amigos que siempre están allí con la pega para ayudarme a arreglar mi tren cada vez que lo echaba a andar fuera de los rieles y se estrellaba en la pared. A mis socios y amigos Aquan Donaldson y Geno Moore por estar siempre disponible en cualquier cosa en la que me meto. Muchas gracias a mis compañeros a quienes les rindo cuentas, Chris Kazi Rolle y

Kinja Dixon, quienes siempre me exigen un estándar más alto. También debo saludar a Shanda Holmes y Lesley Hope, quienes han jugado tantos roles para ayudarme a convertirme en el negocio "Mío".

A mi hermano mayor en el cielo, Dave "Diamond" Cox, por ser el ángel en la tierra que necesitaba cuando andaba perdido en el desierto. Sólo tú podrías haberme introducido al Network Marketing. Puede que tu no puedas leer esto con ojos terrenales, pero sé que estás viendo desde tu asiento de palco. Tu familia siempre tendrá mi apoyo.

Mi más sincero agradecimiento va a todos mis estudiantes del taller Presente Como un Pro™, quienes han confiado en mí todos estos años, y algunos de los cuales han vuelto más de una vez. Nunca voy a dar por hecho la generosidad de su autenticidad, habiendo compartido tantos momentos poderosos de reflexión y la contando historias mientras se convertían en presentadores profesionales.

Soy, como todos nosotros, un producto de nuestros maduración, decisiones y relaciones. Estoy especialmente agradecido por esto último, ya que sin la mucha ayuda que he recibido en mi vida, la magia de mi historia no sería posible. Gracias.

Prefacio

Dr. GEORGE C. FRASER

> *"Debemos unirnos para crear un legado de igualdad económica, con nuevas herramientas para aprender, ganar y regresar. "*

-Dr. George C. Fraser

Muchas personas nunca alcanzan el éxito masivo mercadeando a sus redes porque no tienen el conocimiento necesario para hacerlo. El trabajo de mi vida ha sido conectar a la gente a recursos y entre ellos mismos. Encuentro oportunidades en lugares en los que otros no las encuentran simplemente porque siempre he estado dispuesto a comunicarme con aquellos con los que estoy conectado. Mi sendero me ha llevado a enseñarle a la gente alrededor del mundo el verdadero valor de su red y el mejor cultivo de relaciones. Sin embargo, tener un montón de amigos en los medios sociales y una agenda llena de nombres no van a hacer crecer su cuenta bancaria. Ha sido el proceso de "Convertir Contactos en

Contratos" lo que me mantiene enseñando en tantas etapas diferentes.

Debemos entender que el intercambio de conocimiento y la presentación de ideas es cómo nuestra especie llegó a dominar este mundo, y nuestro mayor crecimiento como comunidad puede ser atrofiado por nuestra incapacidad para ofrecernos entre nosotros nuevas oportunidades.

Como fundador de la Conferencia PowerNetworking, todos los años llego a conocer a muchos agentes de cambio excelentes alrededor del mundo. Me presentaron primero a Lerrod como un participante emocionado. Desde nuestra primera conversación, él ha utilizado mis principios para establecer y mantener nuestra relación, me mantiene al tanto de sus avances y logros diversos. Él continuamente me recuerda que fue la fórmula de la conexión humana que aprendió en mi libro ***Click*** la que le ayudó a crear un crecimiento explosivo en su organización. Me siento orgulloso de las habilidades especiales que ha dominado en el área de la presentación; por lo tanto, me siento emocionado de ser parte de este libro.

Le sugiero que preste mucha atención, ya que él comparte con usted las herramientas que ha utilizado para ganar en los negocios. Después de digerir las estrategias presentadas en este trabajo, sé sin duda que le van a ayudar a las personas en su camino a superar muchos obstáculos en su comunicación y a tener éxito.

Presente Como un Pro™ Para Networkers es una guía de instrucciones que contiene todo lo que necesita saber acerca de compartir su negocio, productos y sistemas con los demás. Rebosante de estrategias sencillas, cualquier persona puede utilizarlo para superar los miedos asociados al hablar en público y a la presentación de su negocio de MLM.

Como una guía, este es el único libro que recomendaría a esos gigantes dormidos en busca de un gran avance en su poder de hacer presentaciones. Es raro encontrar este tipo de asesoramiento práctico y conciso en un formato fácil de leer. Este libro seguramente se convertirá en un recurso poderoso para los vendedores de todas las empresas en el campo de la venta directa. Yo creo verdaderamente que los empresarios que quieran compartir su visión de un futuro mejor, como profesionales en esta industria excepcional, pueden beneficiarse de los conocimientos prácticos que aquí se presentan.

Siga leyendo.
George

diones las estrategias presentadas en este tratado, se sin duda [illegible] a las personas en su camino a superar mucho [illegible] en su emprendimiento y a tener éxito.

Presente como [illegible] Network es [illegible] una guía de instrucciones que contiene todo lo que necesita saber acerca de comercializar [illegible] productos y siempre [illegible]. Rebosante de estrategias concretas que cualquier persona puede utilizar para superar los miedos asociados a hacer [illegible] en público y [illegible] su [illegible] de MLM.

Como una [illegible] que este es [illegible] que [illegible] recomendado [illegible] esos [illegible] dinámicos [illegible] busca de un gran avance en [illegible] de las presentaciones [illegible] encontrar [illegible] de sentimiento práctico y conocimiento [illegible] fácil de [illegible]. Este libro seguramente se convertirá en un recurso poderoso para los vendedores de todas las [illegible] en el campo de la venta [illegible] que [illegible] empresas [illegible] de [illegible] mejor [illegible] profesionales [illegible] especial, pueden beneficiarse [illegible] prácticas que aquí se presentan.

[illegible]

George

Contenido

Introducción

¿Qué esperar de este libro?

> *"Lo primero es lo primero, lo segundo, nunca. Porque nunca se debe hacer una segunda cosa primero. Cuando llegue el momento de que ha completado la primera cosa, ahora lo segundo se convierte en lo primero que va a hacer ".*

-Dr. George C. Fraser

Usted Está Aquí

Usted ya leyó el título de este libro, así que se puede decir que al abrir el libro y al llegar a esta página, usted tiene un interés en network marketing y convertirse en un presentador campeón. Alguien viejo en nuestra industria dijo una vez: "El hombre con el marcador es el que tiene más dinero!" Como las mujeres dominan la población de participantes en nuestra industria, estoy seguro de que la intención fue de incluirlas también. Desde los días de mostradores y gráficos en trípodes, justo hasta las presentaciones sofisticadas y seminarios de multimedia PowerPoint de hoy en día, se ha demostrado que la persona que presenta la información más a menudo es la que cobra cheques grandes mayor eficacia.

Los beneficios de ser un gran orador no terminan con el reconocimiento, el dinero, o el nivel de posición. Aunque todas estas son cosas grandes, tener una "boca de un millón de dólares ", incluso con una carisma mediocre puede abrir las puertas a lugares y oportunidades que nunca habría soñado siquiera que eran posibles. Como orador público, hay un montón de oportunidades que le esperan en la América corporativa, administración pública, y el trabajo comunitario, pero aquí vamos a discutir específicamente cómo esta habilidad lo hará un ganador en network marketing.

Sin embargo, cualquier carrera que le ofrezca control de su tiempo, el potencial ilimitado de ingresos, y el derecho a trabajar desde su casa va a requerir algo de usted. En algún momento, tendrá que mostrar su plan públicamente a grupos de diversos tamaños o dar entrenamientos privados para su equipo, duplicando el proceso de construcción de este negocio. Por estas razones, es necesario ser muy eficaz en la entrega de una presentación, si alguna vez espera ser una de las "estrellas del rock" ganadores de ingresos de su empresa.

> *"Tanto el deseo y la imaginación están almacenados en la mente de la persona y cuando se estiran, ambos tienen el potencial de posicionar a una persona para la grandeza ".*
>
> -Eric Thomas

El dominio de estas habilidades cambiará su vida. Éstos son sólo algunos de los otros escalones poderosos que usted verá al pulir sus habilidades de presentación.

- Hacer presentaciones aumenta su autoestima, lo que ayuda a compartir con confianza.
- Usted gana la confianza de los demás que se conectan al valor de su negocio. ¡Con esto, la gente le va a comprar a usted, a confiar en usted, y a unirse a usted como distribuidor!
- Con el tiempo, se convertirá en un pensador más organizado con una presentación suave.
- Cada vez que usted habla delante de la gente, usted reconoce aún más su propio potencial y comenzará a explorar más la grandeza en usted mismo.

- Desafiando como es, hablando en partidas caseras, recepciones privadas, reuniones de hotel, e incluso convenciones de empresa se desbloqueará otras dudas y temores ocultos para que usted pueda conquistar.

Por favor, entienda, esto no es un libro genérico de "Cómo Hablar en Público Para Idiotas". Vamos a discutir las oportunidades y desafíos que enfrentan los networkers, más claramente definidos como la gente en Multi-Level Marketing o de la industria de venta directa. A lo largo de este libro, voy a usar los términos "público" "invitados" o "prospectos" como sinónimos, pues en nuestra industria, estos términos se refieren a aquellos con los que queremos compartir nuestros productos y oportunidades.

Cuando usted tiene el mando de una sala, usted tiene la capacidad de moldear las creencias y percepciones de los demás. Con el talento de la oratoria, puede guiarlos a hacer cosas que nunca imaginó que fueran posible, todo basado en el asesoramiento que usted les ha dado. Esta es influencia verdadera, y puede ser extremadamente peligrosa detrás de la voz de un Adolfo Hitler, o un poder de inspiración detrás de la voz de un Dr Martin Luther King Jr.

Aunque su objetivo en presentaciones puede que no tenga un efecto tan dramático en el planeta como ellos, usted todavía tiene la responsabilidad de ser genuino, auténtico, y claro con su público. Sea claro acerca de cuáles son sus intenciones y cómo su oferta debe ser tomada en serio. Me conocen porque traigo bastante humor a la conversación, pero no puedo olvidar que la presentación es un trabajo serio; siempre se debe recordar esto.

Bien, no hablemos más. Si usted está listo, entonces hagamos esto ... juntos.

Aunque su objetivo en presentar pueda que no tenga un efecto [illegible] el planeta como ellos desean, todavía tiene la responsabilidad de ser genuino, auténtico, y claro con su público. Sea claro acerca de cuáles son sus intenciones y cómo su charla debe ser tomada en serio. Me conocen porque le doy bastante humor a la conversación, pero no quiero olvidar que la presentación es un asunto serio. Siempre se debe recordar esto.

Bien, no hagamos m[illegible] entonces hagamos esto [illegible].

Capítulo Uno

El "por qué" de este Libro

Mis chicos aprendieron un dicho en la escuela: Compartir es amar. Me gustó tanto que voy a empezar este libro con eso. Después de años de experiencia entrenando personas a través de mi taller Presente Como un Pro™, un par de preguntas muy importantes siempre parecen ser hechas por mis estudiantes:

- Los grandes oradores ¿nacen o hacen?
- ¿Deben todos los líderes de ser buenos oradores?
- ¿Puedo construir un negocio de network marketing rentable sin hablarle a una gran audiencia?

Así que, como yo amo, voy a compartir mi historia.

En la universidad, valientemente me inscribí para oratoria como materia opcional, y fallé de una forma muy espectacular. Estaba claro que hablar en público no era para mí, y me comprobé esto aún más a mí mismo, al negarme a hablar en el funeral de mi madre. ¡Ushhh!

Terminé de estudiar los 4 años recomendados, y luego conseguí un trabajo con sueldo alto en una empresa en Wall Street después de sólo 5 años.

Todavía estoy luchando con las matemáticas de esa ecuación. Tuve la suerte de haber construido dos empresas de éxito con más de 20 empleados, y de vez en cuando fui llamado para decir unas palabras al aceptar el elogios por éxitos ocasionales en eventos, en la radio, e incluso en una entrevista de televisión. No fue hasta que me uní al network marketing que fui desafiado a enfrentarme a mis temores y a pararme frente a la gente para ofrecer una presentación.

Un amigo que yo respetaba mucho me introdujo al network marketing. Yo estaba muy renuente a ir a ver esta "cosa" que él trató una y otra vez para que yo la viera. Yo era el clásico "empresario-sábelo-todo" que no quería perder mi tiempo.

Esto continuó hasta que la mezcla correcta de oportunidad y engaño me colocó en el hotel DoubleTree, Times Square en Nueva York. Llegamos tarde; nos sentamos en la última fila al fondo de la sala y apenas podía descifrar lo que la compañía estaba ofreciendo. Pero el presentador estuvo emocionante! Tenía una sonrisa muy confiada en su rostro y verdadera pasión en la voz acerca de esta fábrica millonaria de una empresa. La energía en la sala fue electrificada por el estilo de presentación de este caballero. Acortando esta larga historia, me metí en eso.

Lo que es relevante para el tema de este libro es que he seguido el plan de la empresa a la letra. Le pregunté a todos los que conocía si estaban interesados en hacer o ahorrar dinero con nuestro negocio. Si me decían que sí, me los invitaba a una reunión en la que el líder de mi línea vendría y presentaría el trato. La mayoría de las veces él estaba disponible, y las pocas veces que no estaba, yo tenía bastante éxito.

Usando este método, recibí todos Bonos de Inicio Rápido de la compañía. Luego una reunión en un domingo por la tarde – la cual recuerdo que iba de acuerdo al plan – lo cambió todo. Yo tenía a todos en la sala de la casa de mi nuevo socio, alineados en el sofá y listos para la acción. Puse el DVD de presentación y todo el mundo estaba viendo un video que muestra el estilo de vida de nuestros grandes generadores de dinero. Presenté a mi líder de línea como el orador cuando él me dijo: "Tú vas a hacer la primera parte", y luego simplemente me dejó!

Incluso hoy, mientras escribo esto, puedo recordar el sonido de la puerta cerrándose como el golpe de una puerta de celda de la cárcel en una de esas videos de horror. Yo le habría seguido y detenido durante toda la reunión si no hubiera sido porque uno de los invitados impulsivamente me dijo, "Hey Smalls, continue y háblenos de esta cosa."

Inmediatamente mis manos se pusieron sudorosos y mi garganta se secó. Mi voz se resquebrajó y me pasé los primeros minutos murmurando lo que le iba a "hacer al tipo". Entonces me di cuenta ... que se estaban riendo. Y no estaban riéndose de mí, sino que se estaban riendo conmigo.

Eso fue suficiente para animarme a hacer clic a la primera diapositiva de la presentación. Hice lo mejor de lo que yo me acordaba de haber oido en otras presentaciones y solo leía de la pantalla. Y cuando me di cuenta, estaba en el punto en que mi líder, que estaba en silencio escuchando desde el pasillo, irrumpió en aplausos. El resumió los detalles que me faltaron y cerró la reunión. El resultado final fue que dos de nuestros cinco invitados firmaron una solicitud de inscripción completa con sus detalles de tarjeta de crédito – ¡KA-BÚM!

Lo que pasó después no es raro en este negocio. Me di cuenta de que podía hacer esto. Aunque los próximos meses de las presentaciones no fueron mis actuaciones más espectaculares, seguí mejorando. Pronto, ya no necesitaba mi líder campeón de línea ascendente para hacer la presentación. Entre más presentaciones planificadas e improvisadas hacia, más socios nuevos socios registraban. Y ahora, sin previo aviso ni planificación, vacilación o duda, con confianza comparto mi don con audiencias grandes y pequeñas en una variedad de temas dentro y fuera de mi carrera como networker.

Como network marketers, nuestra verdadera oportunidad es compartir el negocio con tantas personas como nos sea posible. Su compañía y nuestra industria no son para todos, por lo que siempre debemos estar mostrando el plan y el entrenando al equipo existente. Por lo tanto, para aprovechar el uso del tiempo y lograr nuestros objetivos de forma rápida, hay que dominar el arte de compartir con grandes grupos de personas al mismo tiempo. Esa es la gran idea detrás de este libro.

NOTAS

Capitulo Dos

El miedo es una Opción

Es un hecho. La mayoría de la gente tiene miedo de hablar en público en alguna medida. Esas personas reales, honestas admitirán estar aterrorizadas. Todo el mundo le cree a Seinfeld, ¿cierto?

> *"Según la mayoría de los estudios, el miedo número uno de la gente es hablar en público. El número dos es la muerte. La muerte es el número dos. ¿Suena bien eso? Esto significa que para la persona promedio, si vas a un funeral, estás mejor en el ataúd que diciendo el elogio".*
>
> -Jerry Seinfeld

Hay un término técnico para este problema; se llama gloso fobia. Wikipedia la define como la ansiedad del habla, como el miedo a hablar en público o de hablar en general.

Los síntomas incluyen:

- •Ansiedad intensa antes de, o simplemente al pensar en, tener que comunicarse verbalmente con cualquier grupo.
- •Evita los eventos que enfocan la atención del grupo en personas de la audiencia.
- •Malestar físico, náuseas o sensación de pánico en tales circunstancias.

El miedo escénico también puede ser un síntoma de gloso fobia (Wikipedia, 2015).

Aquí vienen las grandes palabras rebuscadas. Los síntomas son la manifestación de los efectos de una enfermedad o enfermedad. Por lo tanto, si usted o sus socios de negocios son humanos, hay una buena probabilidad de que usted o ellos (o tal vez todos) posiblemente sufran de esta aflicción mental. Pero ¿adivine que? Es 100% curable! De hecho, algunas personas pasan de ser aterrorizado por una pequeña audiencia a convertirse en maestros del micrófono, compartiendo sus historias y creando organizaciones increíbles por todo el mundo.

El primer paso que doy con cualquier cliente o grupo cuando se habla de su miedo a hablar en público es comenzar a entender lo que realmente está pasando con ellos. Entonces, por el dinero que me pagan, les digo lo más importante que yo podría decirles, pero es un cliché que la mayoría no puede entender al principio. "Todo está en su cabeza!"

¡Eso es todo! Pensar en ello. Tiene miedo antes de hablar, antes de ver el público, antes de que usted sepa cuál será el resultado final. Su gran preocupación es acerca de algo en el futuro que no ha sucedido todavía, no puede suceder, y lo más probable es que nunca sucederá.

La mejor sigla que he oído es la palabra miedo en ingles - FEAR así:

FALSA - EVIDENCIA – (que) APARECE - REAL

Si alguna tuve vez miedo de hablar en público antes de este libro, estoy a punto de darle un gran regalo que podría valer millones de dólares y una nueva vida para usted. Lo descubrí en una película, con una historia escrita por el actor nominado al Oscar, Will Smith, llamado After Earth. Will Smith y su hijo coprotagonizan en esta emocionante película de aventuras de ciencia ficción como soldados llamados rangers. La parte pertinente sucede cuando el personaje de Will Smith cuenta una historia a su hijo acerca de la época en que fue atacado por un alienígena ciego pero que detecta el miedo de. Durante una experiencia cercana a la muerte en el conflicto, lo distrajo algo bello, y en ese momento el monstruo ya no lo podía detectar. Se dio cuenta de la lección más valiosa de su vida, y lo comparte:

> *"Cada decisión que tomamos será de vida o muerte. Pero si vamos a sobrevivir esto, debes darte cuenta de que el miedo no es real. Es un producto de los pensamientos que tu creas. No me entiendas mal, el peligro es muy real, pero el miedo es una opción ".*
>
> -Will Smith

Este es su nuevo mantra! Grávelo en su mente. "El peligro es real, pero el miedo es una opción." Usted debe decir eso cada vez que esté a punto de compartir con un grupo. También puede visitar PresentLikePro.net (anuncio sin vergüenza) y comprar una pulsera de recordatorio. Consiga el recordatorio físico que funcione mejor para usted para estar en el estado de ánimo correcto. Después, repita la frase, una y otra vez, hasta que usted la crea de corazón. Y cuando usted está totalmente envuelto, dígase a sí mismo sin la mínima duda: "Yo no elijo el MIEDO!"

Ahora hágase esta pregunta: ¿Son los sentimientos que está teniendo en el estómago y el

cuerpo una respuesta a cualquier amenaza de peligro real o *verdadera*? No lo son. Antes de realizar una presentación o incluso pensar en su próxima reunión en casa/negocio, pregúntese: "¿Hay alguien aquí va a hacer algo peligroso?" ¿Habrá una pistola, un cuchillo, o una bomba presente? ¡No! Así que si no existe una amenaza real o inminente peligro físico, ¿a qué hay que temerle? La respuesta es a nada. Una vez más, todo está en su cabeza.

Un consejo para ustedes los intelectuales que se atascan en su evento de inauguración, o que nunca han llegado al frente de la sala, porque todavía está tratando de racionalizar cómo hacer lo que le estoy diciendo en vez de realmente hacerlo: este negocio se basa en la experiencia. En otras palabras, "se gana mientras se aprende." Nunca se sabe todo o se es perfecto en esto. Salir allí y simplemente hacerlo es lo que hace que su cuenta bancaria crezca.

Pregunta retórica: ¿Está listo para hacer crecer una organización masiva de socios increíblemente confidentes que están realizando incansablemente exposiciones regulares y haciendo que su equipo crezca de forma exponencial? ¿Sí o sí? ¡Excelente! Entonces duplique estas pocas estrategias en un entrenamiento con sus distribuidores nuevos (y muy posiblemente tímidos). ¡YA ESTA!

NOTAS

Capítulo Tres

Genere valor con Estrategias

Cosas probadas que usted puede hacer para generar confianza

Para mis tímidos novatos, tenga en cuenta que la idea de hablar con la familia y amigos acerca de una oportunidad de negocio o acerca de productos puede parecer dolorosa, pero esto va a desaparecer a medida que aumenta su confianza al compartir. La confianza en sí realmente importa, y los que la tienen llevan la ventaja. Si usted piensa que no la tiene, entonces nunca es demasiado tarde para conseguirla. Aquí hay algunas cosas que usted puede hacer para hacer crecer gradualmente el valor necesario para hablar delante de una audiencia con facilidad.

Hable con más gente

Usted va a mejorar no sólo al hablarle a una enorme multitud, sino que a través de actos simples como salir, llevar una conversación, o hablar con gente nueva. Tan simple como pueda parecer, hacer conversación con gente que apenas conoce mejora su habilidad de oratoria.

Dese Ánimo

Ser positivo es el comienzo de una gran oportunidad cuando se reúna o esté entrenando. Cuando se enfrente a la audiencia, ahogue las mariposas del estómago con agua. Recuerde que es a usted al que vinieron a ver y usted es un campeón. No intente esto desde un lugar de tratar de ser chulo. Tiene que tratar de ser realmente como su propio abuelo cuando lo hacia barra durante los partidos de futbol infantil para que esto funcione.

Vístase para el éxito

Asegúrese de vestirse de manera adecuada y cómoda. Cuando usted se siente bien con su aspecto, usted estará listo para hacerle frente a la gente y compartir su historia. Tenga en cuenta que no se debe crear una distracción de su mensaje con su ropa. Las damas deben ser sofisticadas y simples. Los caballeros deben distinguirse con ropa que no empalague a sus invitados.

Sea puntual

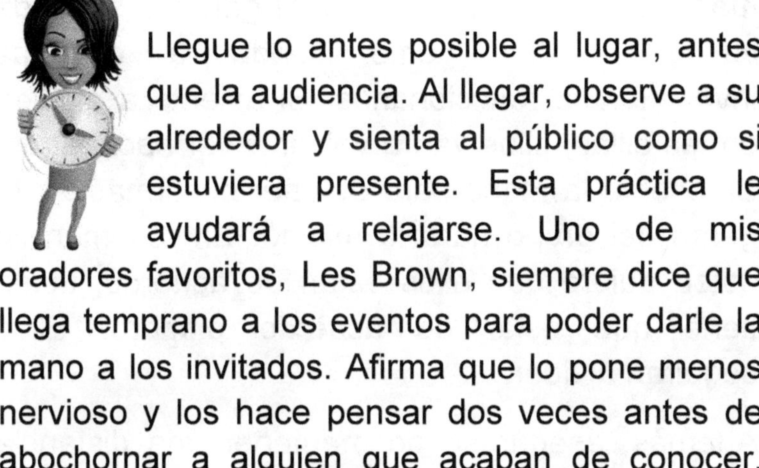

Llegue lo antes posible al lugar, antes que la audiencia. Al llegar, observe a su alrededor y sienta al público como si estuviera presente. Esta práctica le ayudará a relajarse. Uno de mis oradores favoritos, Les Brown, siempre dice que llega temprano a los eventos para poder darle la mano a los invitados. Afirma que lo pone menos nervioso y los hace pensar dos veces antes de abochornar a alguien que acaban de conocer. ¿¡No le parece divertido!?

La reposición

Pueden haber momentos en los que siente que la garganta seca; solo tome un sorbo de agua. Cuando se queda sin aliento debido al nerviosismo, respire profundamente. Cuando usted comienza a tartamudear, pause y reordene sus pensamientos. Cuando las cosas vayan mal, simplemente de un paso hacia atrás, dé una gran sonrisa, y empiece de nuevo sin disculparse.

Cuando usted se mueve, ellos se mueven

Para expresar sus emociones, interese a su audiencia a través de gestos y contacto visual, pero hágalo a propósito. Siempre y solamente haga movimientos y gestos intencionalmente de manera que cuando lo haga, la gente le entienda su punto. La gente tiende a criaturas involuntarias, reaccionarias. Si asiente a alguien en las sillas, ellos van a volver a ver hacia atrás. Si levanta la mano para obtener confirmación, la gente del grupo hará lo mismo. En resumen, si usted quiere que ellos están de acuerdo, usted tiene que estar de acuerdo primero. Ellos seguirán al líder.

Además, asegúrese de mantener una distancia cómoda entre usted y sus invitados de primera fila; póngase fuera de el espacio personal de su audiencia. Y quizás lo más importante, nunca le dé la espalda al grupo. Hay alguna razón psicológica importante por la qué no debe hacer esto, pero vamos a mantenerlo simple y sólo digamos que eso no le gusta a la gente.

Practique

Aproveche cada oportunidad que tenga para hablar al frente de la sala! Es su sala; Usted puedes hacer la diferencia. Programe una reunión ya!

Cambiemos el mundo con palabras.

NOTAS

Capítulo Cuatro

Entrenamiento de la Lengua

Hay algunos oradores naturales talentosos por ahí; por supuesto, no puedo negar que existen. Pero para tener éxito en esta industria y hacer crecer su negocio, ¿debe haber nacido usted como ellos, con el don de la lengua de oro? Nuevamente, la respuesta es no ". Bueno, por supuesto, es ventajoso la tiene de forma natural, pero no debe fijarse en eso o va a perder la oportunidad de convertirse en un gran presentador.

Hay cursos que le pueden ayudar a mejorar su potencial para hablar en público. Cuando usted está ansioso por aprender y decidido a ponerse al frente de la sala, cuando se trata de hablar frente a un público ¿por qué no entrenarse profesionalmente? He disfrutado y aprendido en eventos locales de Toastmasters, asistiendo a conferencias de oradores, vendiendo en seminarios, y la enseñando a distancia a través de programas de CD/DVD. No tenga de menos el conocimiento que puede obtener mediante la compra de sabiduría empaquetada de lo que han precedido. Aquí hay algunos pasos que puede tomar para estar mejor capacitado.

Conozca a un entrenador y busque ayuda

Hay personas que han obtenido una educación formal en oratoria y escritura. Busque la ayuda de alguien que crea que es una persona con credibilidad y experiencia. Con un buen entrenador en su equipo, van a aprender un montón de nuevas técnicas y consejos del oficio, las cuales son siempre beneficiosas.

Mantenga el optimismo

Vale la pena identificar sus errores o defectos, pero cuando se entrena para hablar delante de una sala, tiene que condicionarse a usted mismo con cierto nivel de optimismo. Esto significa que usted se está esforzando para mejorar, pero no necesita preocuparse por los errores que comete. Trate esto como una oportunidad gratis para aprender cuando todavía está en la fase de entrenamiento. No sea demasiado duro consigo mismo, y sea receptivo a lo que está en la mesa para usted. Cuando se es demasiado estricto con uno mismo, se crea una presión que no va a ser útil. Hay que recordar que usted está mejorando cada día y el estatus de 'estrella del rock' está proceso.

> *"Roma no se construyó en un día, pero estaban poniendo ladrillos cada hora."*

-James Heyward

Sé que usted, por favor

En su entrenamiento Jedi-como para el dominio de la oratoria, no trate de moldearse a usted mismo como el Yoda que ha encontrado. Uno debe ser uno mismo. Usted podría ser el mejor dentro de sus propios medios y habilidades. Recuerde que va a ser un mejor usted. Por cierto, como se está tomando el tiempo para leer este libro y estudiar cómo Presente Como un ProTM, creo que usted ya es bastante impresionante!

NOTAS

Capítulo Cinco

¿Está vendiendo o entrenando?

A los mejores profesionales en network marketing los llaman regularmente para entregar dos tipos de presentaciones: persuasivas e informativas. Ambas tienen objetivos muy diferentes y requieren técnicas de polos opuestos para presentarlas.

Persuasiva:

- Una presentación con la intención de crear una compra o

  la adopción de una idea.

  Ejemplo: Conversaciones que se centran en la venta de su producto o en compartir una oportunidad para que otros puedan unirse.

Informativa:

- Una presentación con el objetivo de informar, enseñar o ayudar a desarrollar habilidades en un área en particular.

Ejemplo: Entrenamiento dado a su organización o equipo del proceso de reclutamiento de socios o de la venta de su producto.

He dado más de mil presentaciones en mi carrera, y mi experiencia me ha enseñado que las presentaciones más poderosas de MLM son una mezcla cuidadosa de ambos tipos. Debemos informar con confianza y enseñar a nuestra audiencia sobre los hechos de nuestra industria, empresa, productos y servicios. Mientras tanto, también debemos influir delicadamente en su opinión con nuestros valores, testimonios personales, y el miedo a perder.

Con los años, he observado tantas presentaciones por campeones oradores que representan a diferentes empresas, todas con ofertas únicas. Lo que puedo decir acerca de todos los encuentros más persuasivos es que parecen como una danza para atrás y para adelante, una entrega entre declaraciones firmes de la verdad y de sentimientos blandos de creencia. Simplemente, tiene que hablar y ajustar su postura para presentar la historia de su empresa, productos, servicios y cualquier otra cosa que no sea contencioso. Al mismo tiempo, usted debe regar cómodamente y de manera convincente a sus clientes potenciales con comentarios acerca de por qué usted tiene el billete premiado y lo que significa para ellos.

Así que la respuesta a la pregunta que comienza este capítulo es:

AMBAS.

NOTAS

Capítulo Seis

¡Conozca su oferta!

> *"Piensa bien antes de abrir la boca, hijo."*
>
> \- Mamá

Si lo pusieran a hacer una operación cerebral, y tomando en cuenta que usted no es uno de los pocos cirujanos del cerebro en el mundo, ¿Invertiría una buena cantidad de tiempo de antemano para aprender sobre el cerebro? ¡Sí, por supuesto que sí! Sin toda la sangre y la presión de este escenario de vida o muerte, las mismas reglas se aplican cuando usted está haciendo una presentación. ¡Tenga en cuenta la magnitud de lo que está haciendo cuando usted da una presentación de ventas en la empresa más increíble del mundo! ¿Cree que su empresa es la mejor? ¿no? ¿Dice usted "absolutamente"? ¡Excelente! Entonces lo primero que debe hacer es estudiar la presentación preparada por la compañía.

Comience por investigar a los presentadores de más alto desempeño y rendimiento. Busque cualquier vídeo en línea o visite presentaciones en vivo donde presentan sus ofertas. Prepárese a tomar notas y ponga atención para ver todos los pequeños detalles de las cosas que discutimos en este libro. El investigar de esta manera le permitirá reunir estrategias y frases que usted puede usar para hacer su propia presentación lo cual es genial. A pesar de que va a aprender de ellos, por favor recuerde que usted no es un loro, y que su objetivo no es imitar a estos líderes.

Luego, obtenga los materiales necesarios para hacer una presentación. La mayoría de las empresas utilizan presentaciones de diapositivas, videos, cartulinas, o al menos folletos. Los elementos visuales le facilitan mucho más a un orador expresar ideas y mantener la continuidad a lo largo de la presentación. Es su trabajo conocer cada pieza y el orden en que se muestra. Aún más importante, debe conocer la historia que cada visual quiere expresar. Para el dominio esto último, no habrá necesidad de memorización sin sentido, lo cual es, de todos modos, aburrido. Su exposición siempre será mejor fresca y caliente, como una pizza al horno en Nueva York!

Estas ideas se aplican en cualquier tipo de oratoria. Antes te pararse para hablar con cualquier público sobre cualquier tema, especialmente su oportunidad de MLM, usted necesita haber estudiado bien la presentación. ¡Todo el mundo cuenta con usted! Esto incluye sus socios, sus líderes de línea, y lo más importante sus invitados.

¡Así que tiene que saber su temas!

NOTAS

Capítulo Siete

Ubicación, ubicación, ubicación

Elija el mejor lugar para su presentación

Muchos factores se suman a una presentación exitosa, y uno de los más altos es la elección de la configuración correcta. ¿Hace presentaciones en cualquier lugar? ¿Cómo le puede ayudar la elección de la ubicación adecuada? Tiene sentido elegir un lugar que le dé la ventaja, un lugar que mejore su credibilidad y deja una buena impresión duradera en su audiencia. Vamos a dedicar un poco de tiempo discutiendo cómo se puede seleccionar la ubicación correcta.

Elija un lugar que usted conoce

Esta estrategia simple efectivamente le va a ahorrar tiempo. Por una parte, puede estimar la cantidad de tiempo que necesita para llegar allí. Por otra parte, usted sabrá donde está todo - los baños, las tomas de corriente, la pantalla del proyector, los controles de aire acondicionado, y así sucesivamente. Usted no tendrá que interrumpir su propia presentación para buscar estas cosas cuando las necesite.

Sólo asegúrese de elegir un lugar que sus clientes potenciales también conocen o que puedan encontrar fácilmente. Sería bastante contraproducente si sus participantes llegan tarde porque tuvieron dificultades para encontrar su lugar de reunión. Entonces, usted pregunta ¿Cual es el mejor lugar para disfrutar de una presentación de MLM? La respuesta es simple: su casa, por supuesto! Sus invitados se sienten privilegiados de ser invitados, y lo más probable es que no van a llegar tarde. Por cierto, cuando usted está en su propio terreno, usted está en control. Esto le aumenta su eficacia diez veces.

Si tiene que presentar en un lugar desconocido, asegúrese de llegar más temprano para comprobar que todo está en orden. También es bueno tener un lugar alternativo y cercano en caso que hayan problemas, como cuando su lugar original no está disponible.

Elija un lugar sin distracciones

Usted querrá que sus prospectos se enfoquen en lo que usted dice, cuando lo dice - y nada más. Elija un lugar tranquilo y relajado, lejos de las multitudes y música a todo volumen. Eso descarta discotecas, eventos deportivos, cines, y sí, también fiestas de cumpleaños.

También, asegúrese de evitar lugares que tengan posibles distracciones. El hogar o la oficina de su prospecto puede presentar un problema para su presentación cuando compañeros de trabajo, niños, o incluso mascotas interrumpen mientras usted está hablando. Imagínese estar en el medio de su presentación, cuando la secretaria de su prospecto lo interrumpe con una llamada a una reunión urgente. ¿Adónde lo deja eso? ¡En la basura!

Elija un lugar que hable bien de su negocio

Elija un lugar aireado brillante que le dé una sensación de felicidad. Estos lugares relajan a su cliente y se sienten más agradables. Además, elija un lugar que lo distinga como una persona rica, exitosa. Un club de campo, un restaurante elegante, una sala de un hotel de lujo, o una sala de reuniones elegante con una gran vista son lugares excelentes que dan una señal de que usted es alguien que se debe tomar en serio. Evite los lugares sombríos y mal iluminados, llenos de humo de cigarrillo o gente sospechosa. Usted no quiere dar la impresión de que usted está proponiendo algo ilegal o peligroso.

Tomando en cuenta todos los consejos anteriores, uno de los mejores lugares para presentar en realidad puede ser la propia sede de su empresa de marketing. Esto le da una ventaja de campo como usted no se imagina - no sólo puede utilizar la sala de forma gratuita, también puede utilizar cualquier material de presentación disponible. Además, muestra que su empresa es un negocio legítimo y que está funcionando. Si su prospecto no puede llegar a su sede o si se trata de una oficina satélite, elija un lugar de encuentro neutral cercano donde se puede hacer referencia a la ubicación.

Si distracciones no son suficientes para detenerlo a usted, tenga en cuenta que al dar una presentación en el hogar o en la oficina de su prospecto, usted les está dando la ventaja que usted debería haberse dado a sí mismo.

Por último, pida el apoyo de sus socios o de otros líderes de la compañía para un espacio. Usted se sorprenderá de lo que hay disponible cuando empieza a preguntar. Su elección del lugar afecta el resultado de su presentación, así que ¡Elija bien, mi amigo!

NOTAS

Capítulo Ocho
Párese y Presente

Las Llaves del Reino de Entrega

> *"Le puedo mostrar mejor de lo que le puedo decir ".*

-Cousin Kenny

Después de escribir y reescribir este capítulo varias veces, me di cuenta de que el uso de palabras en una página para expresar el sentimiento de una presentación increíble es igual que tratar de describir un precioso amanecer a alguien que nunca ha visto uno. Me encantaría salir y darle personalmente un ejemplo vivo a todos ustedes. No hay duda de que el entrenamiento de uno-a-uno por un profesional puede ayudar a alcanzar su grandeza como orador. Pero eso no es posible en este momento. Sin embargo, hay algunas cosas que quiero que sepa con el fin de ayudarle a desarrollar su propio estilo de oratoria. Comience con estos consejos y crezca a partir de esto.

- **Llegue A Tiempo**

> *"No hay nada más que tengo que decir al respecto ".*

-Forrest Gump

Manténgase a Tiempo

Mantenerse al tanto de su tiempo disponible es fundamental, sobre todo en una reunión de oportunidad en los que muy menudo no hay ningún límite de tiempo claro para el presentador. Juzgar mal esto puede ser un desastre con efectos catastróficos, como gente durmiéndose, mandando mensajes de texto, yéndose, e incluso roncando! En algunos casos he visto que una sala de invitados pasan de estar súper emocionados y comprometidos a parpadear lentamente cabeceando y aturdidos en cuestión de 15 minutos.

Los estudios demuestran que las personas sólo retienen aproximadamente el 20% de la información contenida en una conferencia o capacitación de 60 minutos, y menos aún en una reunión de ventas. Durante un evento de 90 minutos, la mayoría de las personas pueden lograr unos miserables 20 minutos de atención

continua. Aun más importante, el Dr. Terri D. Fisher dio sus conclusiones en www.psychologytoday.com, alegando que, en promedio, el cerebro humano piensa acerca de la comida, el sexo, o el sueño cada 30 minutos. ¿Qué significa esto para usted como presentador? El tiempo no es tu amigo, mi amigo.

Basado en mi experiencia de network marketing, puedo afirmar con seguridad que uno debe ser claro, conciso, atractivo, informativo y agradable todo en menos de 40 minutos si quiere obtener las proporciones más altas de conversión. Sin embargo, hay algunos presentadores que se prolongan por 90 minutos o más en una reunión de ventas y aún así tienen éxito masivo. Sólo sé que no es común o aconsejable. El mejor consejo para usar su tiempo es dedicar un cronómetro para su presentación que puede indicarle cuando el final del tiempo asignado para su charla está terminando. NUNCA mira su reloj públicamente si desea que sus prospectos mantenga su atención en usted y no en el programa de televisión del que se podrían perder por su reunión.

Hable alto

Siempre pruebe el volumen del sistema de sonido que va a utilizar o su volumen vocal si se encuentra en un espacio sin sonido amplificado. Llegue temprano y pida que alguien vaya al asiento más lejano del lugar y confirme que lo puede escuchar con claridad y sin problemas en su tono de voz normal. Aunque el sonido no es el factor más importante de una presentación, si su público no puede descifrar sus palabras con claridad, se frustrarán y perderá su atención rápidamente.

'Conversionalíselos'

Aunque no puedo encontrar esta palabra en el diccionario, tiene un significado profesional muy importante: atraiga a su público, exija su participación. A la gente en general no le gusta las conferencias, así que si su reunión es una presentación de 45 minutos, es posible que pierda algunos grandes prospectos. Hay un equilibrio que se debe lograr entre el suministro de información y hacer preguntas retóricas para que sus invitados se sientan como si fueran parte de un diálogo. Esto sólo funciona si se hace sinceramente. Trate de compartir un pensamiento, hacer una pregunta, y darle a los que están en los asientos la oportunidad de procesar y contestarle a usted que están de acuerdo. Sólo haga preguntas que requieren un "SÍ" o "NO" como respuesta, pero mantenga esas manos subiendo y esas cabezas asintiendo a largo de la conversación. Al hacer preguntas abiertas, las respuestas pueden variar, lo cual puede crear resultados inesperados, desfavorables, 'des-todo' (mi otra palabra sin descubrir).

Su 'Entrega'

No voy a gastar mucho tiempo en este tema, pero es demasiado importante como para ignorarlo. Desde el momento en que reciba su introducción y se pare frente a la sala, el público lo que está juzgando. Sí, la gente todavía juzga un libro por su cubierta. Entonces, ¿De qué puede esta gente fina, posiblemente, juzgarlo aun antes de abrir la boca? Vestimenta nítida, a la moda actual, y de color simple le dan la apariencia para el que le pone atención a esas cosas, pero hay algo más que ellos ven. ¡Todo está en el cómo usted se conduce!

Esto es muy importante, y usted debe ensayarlo adecuadamente para crear una poderosa, segura y agradable entrega de su presentación. Incluso los mejores suelen pasar por alto esto, así que tómelo como una ligera ventaja para que puede hacer toda la diferencia para usted. Recuerde que su objetivo es ser un presentador poderoso, ¿no? Bueno, este libro no se llama "Reuniones para Novatos" tampoco. ¡Se llama **Presente Como un Pro™ para Networkers**!

NOTAS

Capítulo Nueve

La introducción lo es todo

En una pelea de boxeo, todo el mundo se aferra a su asiento para ver el primer golpe. Lo mismo ocurre con su público en una reunión de ventas. Abra la conversación con una explosión y obtendrá al instante su atención. Esta verdad es un paso esencial para su charla. Mientras presenta lo que ha preparado, es necesario mantener la atención de su público durante toda ese tiempo, pero va a ser mucho más fácil si usted puede capturar esa atención bien desde el principio.

¿Cómo lo hace? Bueno, cada entrenador tiene muchos trucos para eso; algunos son comunes y funcionan, mientras que otros no son tan comunes, pero pueden ser exactamente lo que usted necesita. El siguiente es un cómo-se-hace exacto, que le puede ayudar a dar la impresión que usted quiere en los primeros momentos de su presentación.

Derribe la pared

Después de ser introducido correctamente ante su público, usted sube a la plataforma y planta su bandera en el centro. ¡Y ahora que? Esas personas en los asientos están pensando cientos de pensamientos, sobre todo sobre el valor de su tiempo, y preparándose para finalmente decidir si esta experiencia va a ser una pérdida de tiempo o no. ¡Le conviene mucho a usted ser como la policía de Nueva York! Usted tiene que arrestar, encarcelar y condenar a aquellas cosas que están creando una perturbación en sus cabezas. Esto se puede hacer con mi método 3 partes:

DAR + TOMAR + DAR

1. **Dar algo**
   - Sea transparente y vulnerable acerca de algo relacionado con usted, y por qué usted está presentando esta información. Siéntase en libertad de burlarse de sí mismo; para esto no debería tener escasez de material.

2. **Tome algo**
   - Exprese exactamente en qué consiste su gran oferta desde una prospecto visionaria, y ahora que están expuestos

a ella, no debería haber ninguna razón por la que no pueden tener esa cosa.

3. **Deles las Reglas**
   - Hágales saber que si no participan plenamente o no se abren a sus ideas e información, que seguramente desperdiciarán su tiempo y se perderán de las posibilidades que usted promete.

Las acciones hablan más que las palabras

En vez de hablar de manera constante a lo largo de su discurso, usted podría comenzar su discurso con un gesto pegadizo que esté en conexión con el discurso que va a entregar. Sabemos lo que es el poder de los gestos. Por ejemplo, cuando usted es habla de cuestiones de derechos humanos, se podría empezar con un fuerte golpe en el podio o un gesto de rechazo la mano que muestra. Esto también prepara la mente de la audiencia para lo que usted va a decir.

La risa es la píldora

El aburrimiento es el enemigo más grande de cualquier orador, especialmente en nuestro sector, donde el escepticismo es un demonio que se sienta en el hombro de la mayoría de nuestros huéspedes. Interponer humor sería una gran ayuda para mantener la atención de su audiencia hasta que escuche el aplauso rebotando en las paredes y tenga una aplicación de distribuidor en la mano. El humor es algo valioso. Sea cual sea el estilo del discurso o la conversación que usted posee, contar chistes o jugar con pensamientos o comentarios ingeniosos son grandes formas de apertura.

Citas citables

Usted puede llenar cualquier habitación con el aire de la sabiduría mística mediante el uso de citas de personajes famosos y notables. Si usted puede recordar una línea impactante de un autor conocido, líder poderoso, actor consumado o amada atleta, usted va a empezar su discurso con la aprobación de la verdad y validez. Las citas muestran la profundidad de conocimiento y preparación de un orador. Cuando usted cita personas famosas o una persona que tiene relevancia al tema, usted demuestra que usted es un orador que investiga bien y lleno de recursos.

Dígalo como una historia

Yo siempre le pregunto a la gente "¿Recuerdas el año en el que murió el presidente estadounidense Abraham Lincoln?" La mayoría de la gente responde, "En la década de 1800 o algo así, ¿no?" Pero entonces me pregunto: "¿Te acuerdas de cómo murió?" Todo el mundo automáticamente me dice cómo Lincoln fue asesinado una noche en un teatro. ¿Por qué estoy diciendo esto? Esto significa que la gente puede recordar historias, pero los detalles y los hechos no siempre son tan importantes para ellos. A la gente de todas las edades les encantan las historias. Cuando usted puede unir los hilos de una historia para su presentación, usted será capaz de tener la atención del público hasta llegar a su última diapositiva y atar los hilos juntos. Así que empiece su charla contando historias que son relevantes e interesantes; estarán con usted desde el principio hasta el final.

> *"Nunca cuentes una historia sin un punto, y nunca hagas un punto sin una historia. "*

-Les Marrón

Sólo tiene una oportunidad y período un corto de tiempo para dar una introducción poderosa. Es como las carreras de un autos deportivos por una montaña en una carretera con muchas curvas – puede tomar estos consejos son como sus barandillas de seguridad.

NOTAS

Capítulo Diez
Lenguaje Corporal

Un dato interesante: ¿Sabía que en una presentación en vivo, lo que está percibiendo con los oídos es sólo el 10% de la información que usted considera importante? La mayoría de lo que comunicamos se puede encontrar en nuestro tono de voz (30%), en nuestras acciones y gestos (60%), y por último en nuestras palabras (10%). El comportamiento de sus prospectos le ofrece pistas sobre cómo se sienten, que a su vez le dice cómo tratarlos. Pero el lenguaje corporal es mutuo. Usted también debe estar consciente de su propio comportamiento, así como de inspirar la mejor reacción posible de su audiencia. Tenga esto en cuenta cuando esté ofreciendo esa oportunidad de su vida.

- **Ventanas al alma y entrada a una venta**

¡Son los ojos! El aspecto más importante del lenguaje corporal consiste en mirar a sus prospectos directamente a los ojos. Esto transmite respeto, confianza, honradez y sinceridad. De la misma manera, no hacerlo transmite miedo, desinterés, falta de confianza, vergüenza y secretismo. Sin embargo, la mirada que estoy hablando no es una mirada perdida o una mirada fija; ¡Es una conexión sólida! Debe crear un momento en el tiempo para compartir con la audiencia como individuos, donde el contacto "te veo y me ves" se establece con el mayor número de ellos que sea visiblemente posible. Si tengo 30 minutos para hacer una presentación con 30 invitados en la sala, me voy a asegurar de que cada invitado tenga un minuto de mi conexión ocular a través de una moción panorámica gentil.

Por favor, tome esto en cuenta: Al presentar a nivel internacional, investigue acerca de la cultura de la gente con la que va a compartir, pues algunas culturas pueden tener excepciones.

Es importante mantener el contacto visual mientras que comparte y construye una relación con su público. Mírelos por más tiempo y con más frecuencia que a su material de presentación. Y es absolutamente esencial mirar a los ojos al intentar cerrar. Si sus clientes potenciales no quieren verle a sus ojos, lo más probable es que están intimidados por usted o desinteresados en lo que tiene que decir. Trate de relajarlos con temas comunes. Tenga un repertorio de temas acerca de intereses comunes y otras cosas que la mayoría de las personas disfrutan o por las que se preocupan. Sin embargo, tenga cuidado de no traer política, religión, o incluso deportes a la conversación. La gente es delicada en cuanto a ciertas cosas, y no hay manera más rápida de perder una conexión con sus participantes que apagarlos en una conversación pasajera.

- **Dirija con los brazos**

Sus brazos pueden transmitir gran emoción. Utilice grandes gestos para generar entusiasmo y tenga los brazos inmóviles para, momentos intensos, tranquilos.

Haga lo que haga, no cruce los brazos. Esta posición altamente defensiva transmite ira o indiferencia. Prácticamente grita, "No me importa." Si sus prospectos cruzan sus brazos, probablemente están adoptando una posición defensiva hacia algo que dijo. Trate de volver a involucrarlos enfocándolos de nuevo en lo que ellos quieren. Haga que participen. En lugar de centrarse en pensamientos negativos o de desconfianza, pregúnteles qué es lo que les gusta más de lo que usted ha dicho.

Mantenga la cabeza nivelada, la posición equilibrada es un signo de confianza y envía la señal de que la gente lo debe escuchar a usted. Por otro lado, si inclina su cabeza hacia un lado es una señal de que usted es receptivo y está dispuesto a escuchar.

- **Acorte la brecha**

En lo posible, siéntese a la par de su prospecto. Un escritorio frente a usted sólo muestra su distancia emocional inicial. Acórtela sentándose juntos y hablando de tu a tu, pero preste atención a lo cómodo que él o ella está con su espacio. Si usted siente que retrocede, es posible que esté invadiendo su espacio personal y debe retroceder.

- **Encuentre los ángulos correctos**

En pocas palabras, nos posicionamos a un ángulo frente a la gente que nos cae bien o nos atrae, y ponemos un ángulo alejándonos de la gente que nos repele. Ponga su cuerpo frente a su prospecto mientras habla con ellos, inclinándose hacia adelante mostrando que está siempre listo para escuchar. Del mismo modo, cuando un cliente potencial se inclina hacia usted, significa que está interesado en lo que tiene que decir. Tome ventaja de esto y muévase a través de la presentación con rapidez porque esta puerta se puede cerrar en cualquier momento.

- **Apretones de manos tontos**

Para empezar, asegúrese de tener las manos calientes y secas! A nadie le gusta una mano fría y húmeda que muestra el nerviosismo de su propietario. Un apretón firme de manos muestra que usted es seguro, amigable y confiable. Ahora bien, los clientes internacionales pueden requerir un enfoque diferente en base a su cultura, así que conozca a su público.

Cuando las palmas de sus manos están hacia arriba, transmiten la amabilidad y apertura. Las palmas hacia abajo transmiten dominio y tal vez incluso agresividad. Esto por lo general entra en juego cuando se da la mano por primera vez. Lo mejor es ofrecer un nivel, apretón de manos en posición vertical para mostrar igualdad.

- **No juegue con las manos**

Piernas nerviosas, inquietas demuestran nervios y estrés; trate de mantenerlos bajo control poniendo de los pies en el suelo. Al igual que cruzar los brazos, cruzar las piernas es un no-no. La 'Figura 4' (brazos y las piernas cruzadas) lo hacen ver a usted como arrogante, cerrado de mente, o defensivo. Cuando su prospecto hace esto, trate de que él o ella participe de una manera amistosa, no amenazante.

Al final, a la gente le gusta caer bien. Si usted le da todas las indicaciones que una persona a frente a usted le cae bien, usted recibirá el mismo trato y siempre es más fácil presentar algo a un público más amigable. Este es un componente crítico para presentaciones que exploramos más a fondo en el taller Presente Como un Pro™.

NOTAS

Capítulo Once
Problemas

Si en algún momento tiene la suerte de estar con un networker profesional experimentado de MLM cara a cara, hágase un favor y pida que le cuente acerca de la presentación casera más loca que haya tenido. Yo personalmente he pasado por cosas como cuando una persona ebria expresó impulsivamente sus sentimientos sobre el MLM - "Esto es una estafa!" - Y la persona que exageró continuamente una risa terriblemente alta. Oh, tengo el equivalente a un libro de otras catástrofes, también, como la del bebé desnudo que de repente salió corriendo por la habitación y derribó el proyector! No hay manera de prepararse para cada escenario diseñado para sabotear un presentador, pero estos consejos le ayudarán.

- **Déjese guiar por su presentación**

No importa qué tanto los espectadores lo distraigan o lo bombardeen con desafíos hostiles, si vuelve a la esencia y contenido de su presentación, usted siempre estará en ruta. Al sobrevivir a unas distracciones al principio mostrará que usted sabe de lo que está hablando. Si está usando diapositivas o materiales de la empresa, sólo siga refiriéndose de nuevo a ellas para mantenerse en la línea de su presentación.

- **Sea atento y entienda las preguntas que le hacen**

Si usted nota que una persona de la multitud está haciendo preguntas solo por preguntar, no responda con una lengua sarcástica. No importa lo difícil que la pregunta sea, mantenga la calma y respóndala. He visto que decir claramente al principio que dejen las preguntas para el final funciona bien. De vez en cuando, a su público se le olvidará este acuerdo, y usted se los podrá recordar gentilmente.

- **Sea el amo de tu temperamento**

Trate a su audiencia como sus amigos. De esta manera, sentirán una sinceridad que puede llevar a establecer una química entre usted y el público. No importa lo duro que una parte de la multitud lo empuje a estar irritado, controle esa sensación y recuerde que usted está allí para hablar, no para discutir. Nuestra industria ha existido por más de medio siglo, sin embargo, muchas personas son ignorantes en cuanto a cómo funciona. Respete su confusión o malentendidos teniéndoles paciencia y sonriendo mientras comparte.

- **Sea honesto de verdad**

Cuanto más honesto, la audiencia realmente le escuchará mas. Es más fácil dar un discurso sincero que fingirlo. Si pretende, el público sabrá que usted no está siendo totalmente sincero, lo cual dañará su mensaje. Si tiene la fama de exagerado, mintiendo exageradamente, y dice cosas sólo para capturar la atención de la multitud, bloqueará la magia de duplicación de equipo. Sus líderes no llevarán a sus huéspedes a sus presentaciones, y antes de que se de cuenta, estará presentando a un sofá vacío.

- **Tenga cuidado con sus gestos**

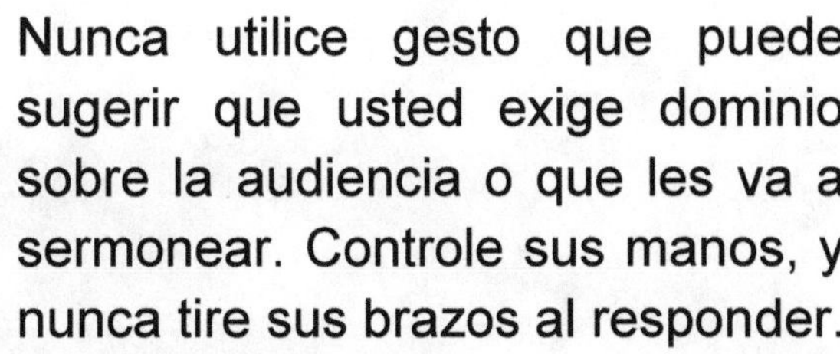

Nunca utilice gesto que puede sugerir que usted exige dominio sobre la audiencia o que les va a sermonear. Controle sus manos, y nunca tire sus brazos al responder. Cuide sus expresiones faciales para no decir algo que no quiera decir. Gestos seguros, sonrientes, y suaves son siempre opciones sabias en momentos de estrés. Sea expresivo pero no demasiado fuerte. Hay muchas cosas que considerar al hablar frente a un grupo, grande o pequeño. Desde la preparación de su espacio para eventos, a la presentación de su charla, hay cosas que siempre debe recordar. Cuando se trata del reto de dirigirse a una multitud hostil, ¿se atrevería a seguir hablando? Usted puede, quiere, y es necesario hacerlo. Sólo sé que cada vez que supere un problema en el micrófono, se vuelve mejor en eso. Eso es lo que separa a los principiantes de los que presentan como profesionales.

NOTAS

Capítulo Doce

Consiga lo que buscaba

Ok, esto es, posiblemente, el capítulo más largo y más emocionante del libro. Si no se saltó los capítulos anteriores, ¡felicidades! Lo hizo. Así que ahora vamos a hacer lo que el título de este capítulo dice y le voy a ayudar a conseguir lo que anda buscando.

O empezó con el objetivo de dar a su equipo un discurso de motivación inspiradora, ensayar desde el podio los puntos del nuevo plan de compensación, o entregar una presentación convincente de la oportunidad. Sea cual sea su motivo para escalar esta montaña y compartir desde el frente de la sala, en algún momento el show debe llegar a su fin y terminar. Conseguir lo que andaba buscando se basa en el uso de la emoción por asegurar la información que le acaba de dar a su público. ¿Es para los ojos enfocados, determinados de su organización, hambrienta y lista para explotar, o para los prospectos en su reunión con hojas de inscripción completadas? De cualquier manera ¡Tiene que cerrar el trato!

No importa si usted lo llama una charla de nueva oportunidad, una fiesta de desafío, una charlemos y comamos, una recepción privada, o una reunión de hotel, después que los invitados vean su oferta, se preguntan tres cosas infames:

1. *¿He entendido esto?*
2. *¿Creo esto?*
3. *¿Puedo hacer esto?*

Entre más a menudo se pueda producir un "Sí" a las tres preguntas, más rápido subirá como presentador campeón y fuente de ingresos altos en su empresa.

Los mejores puntos de cierre en la historia

Sé que es muy arrogante y presuntuoso de mi parte jactarme de que se los mejores puntos de cierre de presentación en el mundo (de seguro está pensando algo así en este momento). Bueno, sólo espere y escúchame. He compilado y usado estos puntos, en su totalidad o en parte, dependiendo de la energía en la sala cuando llego al final de mis presentaciones. ¡Si la energía es baja, es posible que cada palabra sea necesaria! Pero si su energía es alta, sólo enfóquese en hablar de algunas partes que le gusten y comparta su paquete de inscripción.

ADVERTENCIA SOBRE LO SIGUIENTE:

Esto es algo muy poderoso! Entréguelo como puntos al cerrar una presentación o como un guión para una conferencia telefónica. Sin lugar a dudas, lo que puedo decir con convicción es que para cualquier reunión, grande o pequeña, independientemente de la religión, la raza o la edad de su público, esto simplemente funciona! He escrito usando muchas negritas y otras marcas para ayudar a guiarlo en el temperamento que recomiendo. Pero recuerde:

> *"Es suya, haga lo que quiera hacer. "*

-Sal N 'Pimienta

Comience con algo como esto:

Me gustaría que todos sepan que estoy realmente agradecido por el tiempo que han dedicado para ver esta presentación. Aunque he sido bendecido con un éxito significativo como líder en esta empresa, lo más importante para mí es la oportunidad que me han dado para ayudar a otras personas a tener éxito.

Aparte del rango y posición, considero que mi verdadero título en esta empresa es el de ser un **AYUDANTE**. Pero la verdad es que sólo puedo ayudarle a aquellos que quieren ser ayudados. Así que ayúdenme levantando la mano y contestando unas cuantas preguntas sencillas.

1. **Están de acuerdo en que muchas personas están:**
    - ¿ahogadas en deuda?
    - ¿muriendo sin tener tiempo libre?
    - ¿sufriendo con vidas sin satisfacción?
2. **Para solucionar esto, esas personas deben querer participar en su propio rescate, ¿No es cierto?**

Muchos de ustedes han oído hablar de la filosofía inmemorial:

> *"Dele a alguien un pescado y lo podrá alimentar por un día. Enséñele a pescar y podrá darles de comer para toda la vida ".*

- el hombre sabio

Eso es grande, pero como ayudante en esta empresa, que puede ir un poco más lejos ...

> *"Muéstrele a alguien cómo comprar el estanque y generaciones de su familia nunca van a tener hambre! "*

- el hombre más sabio

Así que aquí está la nueva definición de AUTO-PESCA -- es **PESCAR PARA UNO MISMO!**

¿Es este el momento para que usted invierta en su propio estanque?

Muchas personas pasan la mayor parte de su vida convirtiéndose en expertos en pesca para alimentar a las familias de otras personas. Se levantan todos los días, llueva o haga sol, dan todo lo que tienen a un trabajo por el bien de construir el sueño de otra persona.

De Tony Gaskins Jr. dijo:

> *"Si usted no construye su sueño, alguien lo va a contratar a usted para construir el de él".*

¿Y que pasa si el sueño en el que está participando cambia? Correcto: los despidos, reestructuraciones, recortes salariales. Llámalo como quiera, pero ese es el día en que su pesadilla empieza.

El gran escritor y poeta Maya Angelou dijo:

> *"No conviertas a nadie en una prioridad, cuando todo lo que eres para ellos es una opción".*

¡El hecho es que usted tiene que decidir que hoy es su turno! Su sueño puede convertirse en realidad, pero hay que darse cuenta de que nadie lo va a hacer por usted!

Hágase una pregunta:

¿Está luchando por sus sueños todos los días?

Les Brown dijo:

> *"El momento en que deje de luchar por lo que quiere, es el momento en el que lo que usted no quiere va a pasar automáticamente."*

Esto significa que:

- Si deja de luchar por una buena salud, y LA OBESIDAD PREDOMINA.
- Si deja de luchar por la felicidad y LA TRISTEZA PREDOMINA.
- Si deja de luchar por sus sueños, y LA DESESPERACION PREDOMINA.

¿Adivine qué? Hay alguien, en algún lugar, en este momento, ¡Viviendo

SU SUEÑO!

- Están conduciendo su auto ideal.

- Están viviendo en la casa de sus sueños.
- Están haciendo todas las cosas **QUE UNO SÓLO PUEDE SOÑAR**. UNA PALABRA separa a los pobres de los ricos: **ACCIÓN**.

Ser pobre es sólo por falta de acción!

No es el dinero en su cuenta en este momento.

La palabra "pobre" en ingles - P.O.O.R. – es una abreviación para:

Pasando - Oportunidades – Otra vez - Repetidamente

P.O.O.R. es un estado mental ... ¿Ha estado viviendo pobremente hasta hoy?

La gente de acción del mundo son los que crean la magia en esta vida. Se trata de personas como:

- Bill Gates
- Oprah Winfrey
- Steve Jobs
- Sir Richard Branson

Ellos también han sufrido momentos difíciles como usted. Han tenido miedo de dar el salto de fe parecido al que usted puede estar sintiendo. La diferencia es que **¡ELLOS LO HICIERON DE TODOS MODOS!**

Todo el mundo quiere el éxito, pero la mayoría no están **DISPUESTOS** a tomar acción! ¡Es como querer comer, pero no estar dispuesto a **MASTICAR**!

La mayor brecha financiera en este mundo no es entre los que tienen y los que no tienen. No, es realmente **los que quieren** y los **que no quieren**.

Ahora pregúntese, ¿Tiene sentido? Alguien que me escucha ahora va a tomar acción masiva y a empezar de inmediato.

Pero, siendo realistas, algunos de ustedes no lo harán. Lo sé porque las estadísticas dicen que el 97% de personas en el mundo optan por trabajar para el otro 3%. Eso significa que sólo el 3% de las personas dio pasos para alcanzar sus sueños, usando al otro 97% para alcanzarlos.

Le he dicho a todo el mundo quien soy y lo que represento, y ahora tengo curiosidad por saber quién es usted.

¿Ha estado viendo las cosas pasar por demasiado tiempo y está listo ya a hacer que algo suceda?

Si usted se está diciendo a si mismo ...

- ***No estoy listo!***
  - ¿Sabe qué? Usted nunca estará listo.
- ***Yo no tengo tiempo para hacer esto!***
  - Todo el mundo tiene la misma cantidad de tiempo, es cómo lo usa lo que cuenta. ¿Le ha servido a usted la forma en que ha estado gastando su tiempo?
  - Todo el mundo puede apartar tiempo para algo importante.
- ***Yo no tengo el dinero para empezar!***
  - Si ese es el problema, entonces es el momento de hacerse las preguntas más difíciles:
    - ¿Cuánto tiempo he estado viviendo de esta manera?
    - ¿Cuándo va a cambiar?
    - ¿Quién lo va a hacer por mí?

Esto es lo que sé: "Nada es imposible para una mente decidida!" Lo único que queda por responder es ...

<u>¿Qué tanto necesita un cambio positivo en su vida?</u>

Más importante aún, ¿qué está dispuesto a renunciar a conseguirlo?

Después de la entrega de este cierre en su totalidad o en parte, deje de hablar. Su silencio hará que se reflejen y respondan a las preguntas en su mente, lo que les va a obligar a decir algo. Recuerde, la próxima persona que hable después de un bombardeo de ideas y preguntas le da el gane a la otra!

NOTAS

Capítulo Trece

Cautive a su audiencia

Así que ya completó lo que usted considera que es una actuación estelar. Sus invitados fueron cautivados a lo largo de la conversación. Le pegó a todos los puntos principales de su visión general del negocio, y tienen en sus manos las hojas de inscripción o la hoja de ventas. ¿Ahora qué?

La presentación no ha terminado todavía. ¡Este es el momento para brillar de verdad! Sus socios e invitados comenzarán a mezclarse entre sí y discutir su decisión de tomar acción. Como presentador, usted tiene una gran responsabilidad para responder preguntas y dar declaraciones de poder a los que necesitan sólo un poco ánimo para superar sus temores. Esta es la diferencia clave de los discursos tradicionales dadas por oradores -la mayoría de reuniones públicas de MLM debe cerrarse con un toque personal del presentador. Ahora usted es una estrella brillante, un faro de luz en la oscuridad de sus clientes potenciales, por lo que debe ayudar en el cierre de la presentación como un profesional.

- **Encuentre la necesidad**

De las muchas habilidades de Network Marketing que querrá en su arsenal, cómo mostrarle a la gente por qué debe unirse a su organización es de las más críticas. No hay ninguna fórmula establecida para ello, sin embargo, debido a que cada persona es diferente y va a querer diferentes cosas-riqueza, prestigio, vida familiar, bienestar, tiempo, libertad, y así sucesivamente.

Un enfoque que muchas personas usan es la venta dura, que podemos decir con seguridad es odiada por casi todo el mundo. Venta dura implica empujar el producto real a su prospecto usando la energía pura de su presentación para anular cualquier preocupación u objeciones que puedan tener. Por eso muchas personas pretenden no estar en casa cuando el vendedor llega tocando la puerta.

¡A nadie le gusta que le vendan! Un cliente puede comprar su producto o servicio para quitárselo de encima, pero usted perderá una gran cantidad de buena voluntad y, probablemente también la oportunidad de venderles a ellos de nuevo. Es aún más desastroso para la construcción de una red, pues su organización no tendrá una relación concreta en que pararse. Tendrá una cascada de fugas tan pronto como usted le dé la espalda a sus nuevos reclutas. La buena noticia es que hay otro enfoque que no sólo tiene una mejor oportunidad de cerrar una prospecto, pero también fomenta la buena voluntad y un sentido de cooperación.

> *"Sólo escucha lo que necesitan, y después simplemente presenta tu negocio como la mejor respuesta que tus prospectos necesitan".*

-Anthony Robbins

Esto es lo opuesto a la venta dura. Usted habla menos y escucha más. Todo lo que se necesita es un poco de paciencia, algunas buenas preguntas, y un oído entendedor. Su objetivo es hallar las necesidades específicas de su prospecto antes de colocar su negocio como una solución. Imagínese sentado con un prospecto por primera vez. ¿Usted va directamente a una presentación? ¡Rara vez! Usted quiere llegar a conocerlos primero. Usted se acerca y charla por un rato para construir una buena relación. Este es un excelente momento para hacer algunas preguntas de sondeo. El sondeo es un arte sutil; tiene que venir de un interés genuino sin aparentar ser entrometido. El punto es hacer que la otra persona hable de sí mismos. Esto es fácil ya que somos nuestro propio tema favorito. Dirija la conversación hacia temas que sean importantes para ellos. Pídales elaborar, aclarar, y compartir historias acerca de sí mismos. Si lo hace, con el tiempo hágalos que hablen de lo que falta en sus vidas.

Estos son algunos temas que le pueden ayudar a llevar la conversación al tema con mas importancia: La Familia

- ¿Cómo está su esposo?
- ¿Cómo están sus hijos?
- ¿Cómo están tus padres?

Carrera

- ¿Cómo va su carrera?
- ¿Su jefe le trata bien?
- ¿Tiene tiempo para usted o su familia?
- ¿Está contento dónde se encuentra?

Logros

- Entonces, ¿qué será lo próximo para usted?
- ¿Su objetivo es comprar una casa nueva / coche / negocio?
- ¿Está pensando en la jubilación? ¿Cómo va eso hasta ahora?

También puede orientar el tema hacia la salud, la educación de los niños, o cualquier gasto presente o futuro. Averigüe dónde están los problemas. Tal vez están preocupados por la financiación de su casa. Quizás están insatisfechos con su sueldo o su situación de empleo. Tal vez tienen la carga de ayudarles a sus padres o un hermano desempleado. Tal vez están frente a un futuro financiero incierto. Tómese el tiempo para escuchar atentamente, para ser empático con su prospecto. Déjelos hablar. Resista la tentación de saltar con consejos. Es importante que usted entienda lo que quieren y demostrar que está realmente interesado en lo que tienen que decir. Agradézcales sólo después de que hayan terminado de hablar por compartir y luego llévelos a su presentación:

> *"Entiendo que usted tiene estas preocupaciones y me gustaría ver si puedo ayudar. Sé de una manera que usted puede beneficiarse financieramente / profesionalmente / en su salud, y usted puede hacerlo en su propio tiempo y su propio ritmo. ¿Quiere saber más sobre eso? "*

Cuando dicen que sí, continúe con la presentación, asegurándose de señalar cómo se puede ayudar de hecho con sus preocupaciones.

Vaya con la mentalidad de querer ayudar. Muéstreles que una fuente extra de ingresos múltiples resolverán la mayoría de sus problemas, y que puede entrenarlos para enseñarle cómo hacerlo. Mediante el establecimiento de una necesidad específica, incluso después de la presentación, usted tiene la base para una relación de negocios. Su huésped no sentirá que usted les está vendiendo algo; se sentirá como que usted le está ayudando a tomar una sabia elección. Esto significa que será más fácil cerrar el trato. De hecho, usted no tendrá que convencerlos – Ellos van a convencerse a ellos mismos!

Ahora usted tiene que empezar a responder las preguntas difíciles de prospectos difíciles. ¿Ha conocido a un prospecto que de plano se niega a creer cualquier cosa que usted dice, cualquier cosa que sale en el video, etc.? Si usted les ofrece una rosquilla, ellos la rechazan por que tiene un hoyo! No le apague las luces a estas personas. Son tan negativas, que podrían desarrollarse! Ok, basta de eso. En su carrera, que definitivamente va a encontrar a aquellos que simplemente contradicen todo lo que usted dice. Usted quiere hacerles ver su lado y que estén acuerdo con su punto de vista, pero eso es un argumento.

- **Siga empujando y los va a ahuyentar**

Cómo responder a las objeciones es una habilidad que usted quiere aprender muy temprano en su carrera de network marketing. El problema es que, aunque tenga la respuesta correcta, no siempre se puede conseguir lo que se quiere. La gente puede dar objeciones como "network marketing es una estafa de pirámide", o "sólo la gente de arriba hace dinero", o "MLM son negocios ilegales", o "sólo las personas que ya tienen redes grandes en su lugar pueden hacerse ricos." Simplemente decirles lo contrario puede que no funcione en absoluto. Usted puede ganar la discusión, pero lo más probable es que va a perder al cliente.

A nadie le gusta estar equivocado, y a nadie le gusta que le demuestren que está equivocado. Cuando usted empuja, ellos empujan de vuelta. Entre mas fuerte empuja usted a alguien para que cambie de opinión, más va a tratar él/ella de atrincherarse en su opinión. Ellos pueden decir: "Yo sé que tengo razón porque yo conozco a alguien que perdió mucho dinero en MLM."

Así que si ellos creen que tienen razón y no se puede conseguir que se muevan, ¿Se da por vencidos? ¡Por supuesto que no! Usted puede usar el poder de la apreciación para que vean su punto de vista.

- **Atentamente escuche su versión**

El primer paso en la apreciación es averiguar de donde viene su prospecto. Para ello, es necesario hacer menos declaraciones y hacer más preguntas. Por ejemplo, si su participante dice "Este negocio suena como otra estafa de pirámide", pídales que, "¿Qué quieres decir con estafa pirámide?" Y "¿Por qué dice que mi negocio es uno?"

Estas preguntas no significan que les pregunte a la defensiva. Usted quiere que entiendan que usted tiene curiosidad acerca de lo que les hace pensar de esa manera. Usted quiere entender sinceramente su lado de la historia. Decir cosas como "Ayúdame a entender" o "¿Qué le hace decir eso?" sirven para sondear las emociones de su prospecto. Esta actitud les permite relajarse y bajar la guardia. A veces, cuando le pregunta a alguien que aclaren su declaración, pueden ver por sí mismos que su opinión es infundada o inexacta (por ejemplo, "se forma exactamente igual que una pirámide, así que pensé que era un esquema de la pirámide"). Si tiene suerte, incluso pueden decidir corregirse ellos mismos por su cuenta. Pero incluso si esto no sucede, usted sigue estando a un paso más cerca de un trato.

- **Aprecie su punto de vista**

El aspecto clave de este enfoque requiere tanta sinceridad como cuando estaba escuchando: reconociendo su punto de vista. ¡Esto no significa que tenga que estar de acuerdo con ellos! Simplemente significa que usted ve el mérito de su opinión, incluso si usted no la comparte. Hablado con sinceridad: "Entiendo cómo se siente", es una declaración muy poderosa. Esto significa que usted los entiende, que su lado tenía sentido. La gente siente que respeta su opinión, y esto les invita a respetar la suya. Usted puede ir más allá al afirmar que si estuviera en sus zapatos, probablemente se sentiría de la misma manera. Por ejemplo:

> *"Entiendo como se siente. Perdió 500 dólares en un MLM y no consiguió recuperar su dinero. La pérdida de su inversión en cualquier negocio es dura. Si me pasara a mí, me sentiría de la misma manera y no le habría pensado dos veces en meterme al Network Marketing."*

Una vez más, que la señal quede clara: usted entiende sinceramente su parte. Una vez que ven eso, se vuelve más fácil para ustedes dos estar de acuerdo en algo. Pero no se rinda en este punto, sólo les mostrará claramente cómo esta no era su realidad y que en su

empresa, es posible que ellos tengan el resultado que quieren.

- **Deje que lo aprecien a usted. Hoy puede pasar a discutir su parte. Haga que ellos vean el mérito de su punto de vista. Una fórmula muy usado es el método *sentir, sentido, encontrado*.**

> *"Entiendo como se sientes. Una vez sentí que yo era terrible en ventas y ni siquiera era capaz de responder a una sola pregunta que el cliente podría lanzar. Pero me di cuenta de que la empresa capacita a sus líneas descendentes muy bien y ni siquiera me dejaron hacer presentaciones hasta que estaba listo. Además, era menos acerca de la venta y más acerca de compartir los beneficios del producto con otras personas ".*

Puede repetir algo como esto

> *"Entiendo lo que está diciendo. Yo era más o menos de la misma manera cuando empecé. Pensé que sólo la gente de arriba iban a hacerse rica, y yo iba a terminar perdiendo mi inversión. Pero me di cuenta de que estaban interesados personalmente en mi desarrollo y estaban dispuestos a ayudarme a conseguir que mi organización comenzara. Ellos me*

> *enseñaron todo lo que necesitaba saber para tener éxito. Ahora estoy ganando unos $ 1.000 extra por semana y he quedado más que agradecido. "*

Ya que no menospreció lo que dijo su prospecto, se le va a hacer más fácil apreciar lo que usted diga. La apreciación mutua abre la puerta a un trato, y es una de las formas más eficientes para cerrar un trato con el invitado. El ser un presentador va mucho más allá de sermonear. Escupir jerga de lujo simplemente no funciona en este negocio. Nosotros no nos compensados con aplausos; nos pagan por clientes agradecidos, a través de distribuidores leales. Esa es la diferencia, por eso le llamamos a este libro **Presente Como un Pro™ Para Networkers**.

NOTAS

Capítulo Catorce

Cuando usted sabe mejor, usted crece mejor

> *"La inversión más importante que usted puede hacer es en usted mismo ... lo más valioso es usted mismo. Puede llegar a ser, hasta cierto punto, la persona que quiere ser ".*

-Warren Buffet

- **Invertir en su crecimiento personal**

Usted no tiene que hablar como un candidato presidencial para ser un presentador eficaz en network marketing, todo está en su pasión y compromiso a ser una persona mejor. Han habido vendedores increíbles en todos los rincones del mundo, algunas de ellos con poca o ninguna educación formal, que han logrado, no obstante, "patear traseros" en esta industria. Considere el mundialmente famoso Les Brown, que de niño fue etiquetado con retraso mental y aplazó dos veces en la escuela primaria, sólo para seguir adelante y convertirse en un vendedor de network dominante en una de las mayores empresas de la historia de nuestra industria. Les Brown ya ha sido reconocido por muchas organizaciones acreditadas como uno de los más grandes oradores públicos en el mundo. Con ningún entrenamiento o títulos universitarios, invirtió en sí mismo durante muchos años a través de una variedad de programas de formación, hasta que llegó a dominar el arte de contar una gran historia a una audiencia. ¡Demostró que no necesita de fantasía, o palabras oscuras de varias sílabas para que la gente le compre en sus ideas!

Esta lista sigue y sigue con los campeones del desarrollo personal y oratoria como Art Williams, un entrenador de fútbol del instituto quien se volvió fundador de la empresa que hoy conocemos como los servicios financieros Primerica, y un joven agricultor de Idaho que creció para ser el gran Jim Rohn (que descanse en paz). Por favor, comprenda que el gran punto que estoy tratando de hacer aquí es que los escolásticos, grandes vocabularios, y los títulos universitarios (todas estas cosas son muy buenas, por cierto) no lo harán un presentador poderoso en MLM. Se trata más de dominar el arte de compartir su oportunidad desde el fondo de su corazón.

> *"No puedo recordar los libros que he leído más de lo que las comidas que he comido; aún así, ellos me han hecho ".*

Ralph Waldo Emerson

- **Lea vorazmente**

Ser un presentador no significa que usted tiene que depender únicamente de su poder de discusión o de su habilidad para decir palabras con claridad. Su objetivo es compartir el plan y dar una visión de que los beneficios de su producto o programa son de gran valor para su audiencia. Cuando hable, usted tiene que tener la lengua de credibilidad. Esto sólo se puede lograr mediante la investigación de los hechos, números, citas, y la información pertinente.

Para los tiempos modernos, la Internet es una gran herramienta de investigación. Sin embargo, siempre verifique sus fuentes y compruebe los datos antes de usarlos. No hay nada peor que dar una presentación increíble y que la empañe algún dato incorrecto o información falsa. La presentación de datos y estadísticas comprobadas en su discurso y la cita de sus fuentes le dará a su presentación tremenda credibilidad y reforzará su confianza cuando esté cerrando.

Si su empresa se lo permite, usted puede incluso utilizar elementos visuales como copias de los artículos de sitios web o periódicos. Cuando la gente nota que ha puesto esfuerzo para preparar su presentación, van a ver su negocio como sólido y confiable. Con este paso, usted no sólo informa a la gente acerca del contenido de su oferta, pero además les a conocer la posibilidad de que ellos también pueden compartir esta información. Nunca pierda de vista el hecho de que la verdadera magia de nuestro negocio es que aprendemos, compartimos y duplicamos.

Párese frente a la multitud con la sensación de certeza que no les fallará a ellos, que va a hablar, y que lo que se diga no son meros rumores. ¡Usted es un gladiador en un traje! O no. Si usted ha estado leyendo grandes libros e invertido en su mente, usted verá cómo esto mejora dramáticamente su conversación desde el podio. Recuerde que hablar en público en una presentación de negocios podría ser la puerta de entrada a ganar la confianza del público, que es otro gran valor. Para que usted pueda lograr algo tan valioso, tiene que ganárselo. Pero ¿cómo se puede hacer eso? ¡Sencillo! ¡Nunca deje de trabajar en esto!

NOTAS

Capítulo Quince

Liderazgo

> *"Los buenos líderes deben comunicar la visión clara, de manera creativa, y continuamente. Sin embargo, la visión no se cumple hasta que el líder la modela".*

-John C. Maxwell

A travez del MLM, creemos que tenemos un camino mejor para el mundo. Como comerciante de opinión, le va a servir ser un orador elocuente. Esta también es una cualidad que deben tener los buenos líderes. Cuando tenga confianza y dominio sobre la lengua, sin duda se convertirá en una persona de las gentes. Cuanto más construya esos músculos de confianza en sí mismo, más fuerte será un líder... a veces. Dejo esta ventana abierta porque he conocido a un porcentaje muy pequeño de buenos presentadores que eran terribles líderes, hablaban con convicción acerca de la empresa frente a la audiencia mientras predicaban duda y miedo en los pasillos. Esto no es un buen liderazgo. Si usted toma el micrófono, toma la responsabilidad; y punto.

Como presentador, usted está expuesto a muchas personas diferentes. Usted tiene la oportunidad de entenderlas, ofrecer consejos, dar aliento, y proporcionar dirección. Los oradores deben participar en presentaciones y charlas con gente nueva tan a menudo como sea posible. Si usted está eligiendo este camino, esto le ayudará a fortalecer sus habilidades de conversación y su liderazgo. Como usted está expuesto a muchas personas diferentes, se hará sensible a sus ideas, preguntas, y deseos. ¡Un presentador con grandes rasgos de liderazgo puede anticipar que el público va a sentir curiosidad, y va a tomar medidas preventivas para enfrentar esos temas durante en la presentación, en vez de que se conviertan en preguntas sin respuesta en el parqueo!

Para una persona que quiera ganarse el respeto de liderazgo a través de la oratoria, hay beneficios personales que usted podría ganar mientras trabaja para lograrlo:

- **Mejora la habilidad de escuchar**
  - Que usted sea el presentador, no quiere decir que solamente va a hablar. Cuando su público tiene la oportunidad de hacerle

preguntas, usted debe ser capaz de sacar de las opiniones o ideas de otros.

- **Se desarrollan las habilidades de sensibilidad y comunicación**
  - A través de esta versión de oratoria, usted puede explorar las líneas de comunicación que pueda que nunca haya notado antes, o que nunca haya tenido la oportunidad de practicar en realidad.
- **Se descubren talentos invisibles**
  - Las presentaciones lo pueden llevar a la conclusión de que usted tiene algunas cosas que explorar acerca de ti mismo y todos los otros factores que podrían afectar a su capacidad de comunicación y el crecimiento como ser social.
- **Puede comprender plenamente el poder de su voz**
  - Con esto, ahondará más en lo que realmente significa comunicarse. Este es un gran comienzo para su propia superación!

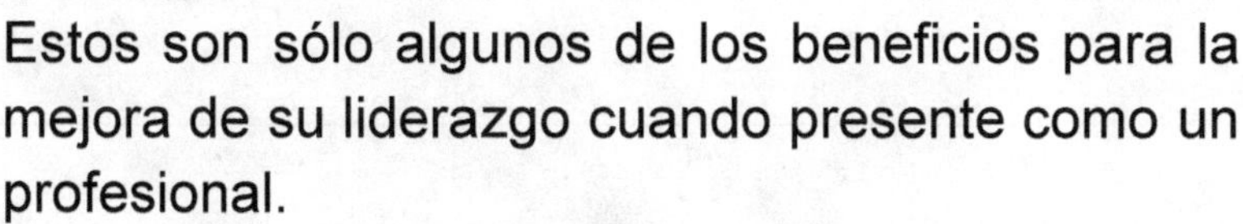

Estos son sólo algunos de los beneficios para la mejora de su liderazgo cuando presente como un profesional.

NOTAS

Capítulo Dieciséis

Últimas Palabras

> *"He perdido más de 9000 chuspas en mi carrera. He perdido casi 300 juegos. 26 veces, han confiado en mí para hacer la chuspa para ganar el partido y perdí. He fallado una y otra y otra vez en mi vida. Y es por eso tuve éxito ".*

-Michael Jordan

La elocuencia es un gran don, y si la tiene, puede afectar vidas y motivar a la gente. El poder de compartir con pasión es muy fuerte. Muchos grandes oradores han cambiado el mundo con sus discursos. Sin embargo, en nuestro negocio, nosotros no tenemos que ser uno de los grandes oradores desde el primer día. Usted debe estar dispuesto a hacerlo mal hasta que lo haga bien, hasta que le salga muy bien, y solo entonces tal vez un día usted será una leyenda en su empresa! Por el momento, comience por la programación de su próxima reunión, ser audaz, y comparta su oportunidad de cambiar vidas mientras se perfecciona usted mismo.

Cambiemos el mundo con palabras ...

Capítulo Extra:

¡En el parque del Multi-Level Marketing, el 'Sube-y-Baja" no es un juego!

[En septiembre de 2011, este artículo fue publicado el ezinearticles.com. Recibí tantos comentarios positivos de todo el mundo - desde nuevos vendedores a veteranos fogueados de la industria - que quería incluirlo para ustedes, mis lectores y amigos, con la esperanza de que va a mejorar su experiencia como network marketer. Ha sido recién editado y actualizado, aunque puede encontrar el original en la dirección web que aparece al final de este capítulo. Espero que disfruten leerlo así como yo disfruté escribirlo!]

Algo enorme acaba de ocurrir a mí sobre mi vida como network marketer. Ahora, soy honesto, así que por favor no espere que esto sea bonito y refinado. Comprenda que mi objetivo es ayudar a las personas que, como yo, quieren participar en serio en network marketing, mientras tienen otro trabajo o negocio.

Pero definamos algo primero. Para los que no saben, un balancín (también conocido como un sube y baja) es una tabla larga y estrecha con pivote en el medio para que cuando un extremo sube, el otro baja. Por lo general, encontrará niños que juegan en estos en los patios o parques; son apenas tan comunes como los toboganes o columpios.

Si está leyendo esto, voy a suponer que usted está metido en MLM o está considerando seriamente involucrarse con una empresa. La mayoría de gente de network marketing a medio tiempo no se dan cuenta de que han puesto su carrera tradicional a un lado y a su negocio de MLM en el otro extremo de un subibaja gigante.

¿Cómo puede ser esto? Digamos que usted se mantenía usted solo antes de hallar la magia de esta industria, pero si ha sentido tan siquiera una fracción de la emoción que sentí por primera vez cuando vi el potencial de ingresos y ganancias residuales que puede crear, podría haber salido disparado como una bola de cañón. Tuve un gran éxito cuando me uní a mi compañía, y tengo que decir que estaba muy feliz por eso. Me hablaron de, recibir reconocimiento, y hube creado una organización de alto crecimiento a la velocidad del rayo. Sin embargo, el tiempo y la atención son las cosas finitas con límites, así que cuando empecé a dedicar la mayor parte de mi atención a mi nuevo negocio, adivine adonde estaba disminuyendo mi atención.

La exitosa y generosamente lucrativa empresa privada que había creado de la nada en los seis años atrás estaba siendo casi completamente ignorada. Lo mismo que me hizo un candidato exitoso para que mi patrocinador me reclutara para su negocio, yo lo estaba ignorando como si fuera una camisa vieja con una mancha que no podía lavar. Un año más tarde me di cuenta de que el ingreso que estaba generando en mi nuevo negocio no era suficiente para mantener mi estilo de vida, y que mi negocio tradicional sufría enormemente debido a la falta de liderazgo. Adivine lo que hice. ¡Correcto! Me subí al otro lado del subibaja y comencé la reconstrucción de mi empresa disparando con todos los cañones.

Más allá del fuego y el humo de mi reaparición corporativa, mi organización MLM comenzó a estancarse, y se desmoronó en algunas áreas. El autor de *El Efecto Compuesto*, Darren Hardy, probablemente habría gritado: "¡Santo humo! Perdiste bastante, Imp!" ¿Quién es Imp? Su nombre completo es Impulso; él es el hombre invisible responsable de mantener al equipo y negocio motivado y subiendo. Por lo tanto, el castigo por mi falta de atención fue un par de grupos fragmentados de líderes firmes entre un mar de maderos rotos o "probadores" a la deriva. No había suficiente en ambos lados de mi sube-y-baja para escribir algo.

Así que esto se repitió en lo que parecía ser un ciclo infinito por unos dos años. Aunque me hizo llegar a la categoría de Director Nacional en mi empresa, yo sabía que necesitaba un vehículo financiero adicional en mi portafolio para proteger el futuro de mi familia. Me encantó mi empresa y el estilo de vida que me dio. Entonces, después de muchos miles de dólares y horas perdidas, lo arreglé!

En una visita a mi amigo Shane Tate, quien estaba en la cárcel en ese momento, compartió conmigo algunos principios muy simples de la vida como él la veía. Con las historias de su situación, aprendí la clave para poner mi situación bajo control. No era tomar un descanso de cualquiera de los dos, porque me había demostrado a mí mismo en múltiples ocasiones que el abandono terminaría en tragedia. Era una atención organizada, dedicada, e implacable para el equilibrio. Mucha gente piensa que entienden esto y dicen: "Después de hacer que esta otra cosa trabaje de nuevo, me puedo concentrar en las dos." ¡Ese tipo de pensamiento es INCORRECTO! El momento en que abandona la santidad de ese punto dulce perfecto en que mantiene los dos extremos de los negocios balanceados, como Lauren Hill diría: "Usted ya perdió uno."

Así que vamos a resumir esta cosa. Usted debe seguir avanzando en la vida, mientras protege lo que ya tiene. No se meta tan duro en algo nuevo al punto de olvidarse de lo que ya tiene en estos momentos. Al mismo tiempo, si usted se pone cómodo en donde se encuentra, un día usted puede desear que hubiera otro lugar a donde ir. Cuando un lado de su sube-y-baja comienza a bajar, resista la tentación de saltar al otro lado. Simplemente jale su trasero más cerca del medio hasta que todo quede nivelado.

> *"Si he ayudado a uno, entonces mi trabajo está hecho ".*

-Lerrod Smalls

Pienso, por lo tanto existo.
Estoy agradecido por lo tanto tengo.

Amo, por lo tanto yo vivo la vida con mis propias reglas,

Ayudar a otros a alcanzar el éxito.

El Fracaso No Es Una Opción.

Fuente del artículo:
http://EzineArticles.com/6597101

Sobre el Autor

Lerrod Smalls es un empresario consumado en la ciudad de Nueva York, un networker profesional y entrenador de desarrollo personal. Con experiencia corporativa como ex I.T. asesor de un banco de Fortune 100 y empresario en serie, quien tiene más de 15 años de experiencia en los negocios del mundo real. Como fundador y CEO de un supermercado en línea con éxito y la enormemente exitosa tienda SANDBOX PACK AND SHIP de menudeo, Lerrod ha probado cómo inventar y desarrollar empresas con sus ideas.

Al unirse a la industria de MLM en el 2008, se ha convertido en un mayor productor con una empresa de networking del Inc. 500. Su reputación de excelencia y los servicios se ve reforzada por el apoyo que le da a los demás, ayudando a la gente a crecer dentro y fuera de su organización directa. El Autor de alta venta y con una fuente de ingresos multimillonaria del MLM Rey Pinyin dijo: "Lo que me encanta de Lerrod es que él da de su corazón y de verdad quiere que todos tengan éxito."

Como orador profesional, ha dominado el escenario frente a miles, motivando presentaciones de ventas y capacitaciones de desarrollo personal. Compartiendo en una variedad de temas, desde entrenamientos en sinergia corporativa a discursos de apertura, Lerrod es uno de esos raros individuos que se pueden conectar con cualquiera.

Un defensor de la profesión de network marketing, Lerrod realiza entrevistas periódicamente y presenta artículos sobre temas relacionados a la educación. Desde la posición de empresario, activista, esposo y padre de dos hijos, se ha ganado el reconocimiento en los medios nacionales como un desarrollador de negocios próspero y entrenador del éxito.

Prominente en su comunidad, Lerrod es conocido cariñosamente a lo largo de su ciudad natal de Brooklyn por su apodo, 'Smalls'. Lerrod no sólo ha sido reconocido por su filantropía financiera, sino también por su tiempo como líder del Brooklyn Cub Scouts, empleador en el Programa de Verano para Jóvenes de Nueva York, empleador en el programa del Buró Federal de Corrección Half-Way House, y como consejero d adolescente @Risk. Es evidente en sus obras sociales que Lerrod Smalls vive con la filosofía de "servicio a muchos lleva a la grandeza", sin embargo, sigue centrado en los esfuerzos de negocios rentables y en las industrias que son socialmente conscientes y proporcionan un valor regenerativo al mundo.

Acerca del Dr. George Fraser

Como Presidente y CEO de FraserNet, Inc., el Dr. George C. Fraser es la mayor autoridad en el mundo en la creación de redes y la construcción de relaciones efectivas. Su carrera abarca décadas de elogios, y su historia de la infancia de triunfo personal es nada menos que inspirador.

Un orador popular y líder e innovador reconocido a nivel nacional, fundó la Conferencia del PowerNetworking, la concentración más grande de profesionales, empresarios, y líderes afroamericanos de la nación - y es el autor de *Success Runs In Our Race*, *Race For Success*, and *Click*. Él ha aparecido en medios de comunicación impresos de alto perfil tales como The New York Times, The Wall Street Journal, y USA Today. Por otra parte, ha hecho más de 250 apariciones en radio y televisión, incluyendo apariciones en vivo de CNN, PBS, El Lou Dobbs Show, y Black Entertainment Televisión. Gurú de crecimiento personal Stephen Covey llama a George Fraser un "maestro magistral". Y cada año, decenas de miles de personas asisten a sus seminarios y conferencias para aprender a ir más allá del networking y comenzar realmente a conectar para llevar sus relaciones a un nivel superior.

> *He sido realmente bendecido al desarrollar muchas relaciones valiosas con personas excepcionales en mi vida. Considero al Dr. George Fraser como mas importante en la lista. Como tantos otros, he seguido su carrera y asistí a sus sesiones de oratoria, sin dejar de ser movido por su poder de presentación increíble. Nuestra conexión se volvió sólida cuando leí su libro Click y aprendí los secretos que lo convirtieron en una autoridad mundial en la creación de redes. Me siento honrado de tener al Dr. Fraser como parte de este libro, y espero que esto sea un testimonio para networkers jóvenes y escritores para que busquen a nuestros grandes líderes como mentores.*

-Lerrod Smalls

Extracto de FraserNET.com

Si bien los logros de George son significativos, sus comienzos fueron muy humildes. Nació en Brooklyn, Nueva York en una familia de 11 niños (8 varones y 3 hembras). Cuando la madre de George se enfermó mentalmente, su padre, un taxista, no podía cuidar a 11 niños, por lo que George se quedó huérfano a los 3 y pasó 14 años en hogares substitutos. Al crecer en las calles de Nueva York, tenía pocas esperanzas y expectativas.

Aunque su consejero le sugirió que abandona la escuela secundaria, George se graduó con un diploma profesional en carpintería porque el sistema escolar no lo consideró como material para la universidad. Gracias a Dios que George pensaba diferentemente ... Por varios años, trapeó pisos en el turno de medianoche en el aeropuerto de LaGuardia, mientras pagaba su universidad.

Más tarde, en 1996, se graduó del el prestigioso Programa Ejecutivo de Negocios de Minorías en Dartmouth College. En 1999, fue galardonado con el Doctor Honoris Causa en Letras y Humanidades del Jarvis Christian College.

Dr. Fraser se elevó a posiciones de liderazgo con Procter & Gamble, United Way, y Ford Motor Company. Fue hace unos 25 años que Dios dio a conocer su propósito real para George. El Sr. Fraser pasó a ser autor de cuatro libros críticamente aclamados: *Success Runs In Our Race: Complete Guide to Effective Networking in the African American Community; Race For Success: The Ten Best Business Opportunities for Blacks In America; Click: Ten Truths for Building Extraordinary Relationships*; y, más recientemente, un libro para niños titulado **Who Would Have Thunk It: The First Adventures of The Fraser Foster Kids**.

Dr. Fraser es también el editor de la premiada **SuccessGuide Worldwide: The Networking Guide to Black Resources**. Él es el fundador de la **Conferencia Nacional PowerNetworking** anual, en donde miles de profesionales, dueños de negocios y líderes de la comunidad afroamericana se reúnen para aprender el arte y la ciencia del networking, el espíritu empresarial y la creación de la riqueza.

El Dr. Fraser es el Presidente de Phoenix Village Academy, que consiste en tres escuelas afro-céntricas sirviéndoles a los niños de la ciudad de en Cleveland. Como orador popular y autor, las charlas inspiradoras de George C. Fraser sobre los principios de éxito, la creación de redes eficaces, la creación de riqueza, la ética empresarial, y el valor de la diversidad son tan populares entre profesionales de empresas, como entre estudiantes universitarios.

Sus puntos de vista han sido solicitados por medios tan diversos como la CNN y The Wall Street Journal. Durante la última década, la prestigiosa publicación **Vital Speeches of the Day** ha seleccionado, reeditado y distribuido en todo el mundo cinco de sus discursos – el primero entre oradores profesionales en los Estados Unidos, independientemente de su color.

Revista UPSCALE lo nombró uno de los "Top 50 corredores de poder en América Negra". Black Enterprise Magazine lo llamó "el Networker Negro #1 de América" y lo colocó en su portada. El Dr. Fraser ha aparecido en siete portadas de revistas nacionales y fue instalado recientemente en el **Salón de Fama y Museo de Negocios de las Minorías**.

El presentador de televisión y periodista Tavis Smiley lo llamó un "visionario de la rara combinación de habilidades de liderazgo y administración." El Sr. Fraser fue nominado en libros más vendidos del New York Times *Masters of Networking* junto con el secretario Colin Powell.

Dr. Fraser ha estado casado con Nora Jean durante 40 años. Tienen dos hijos, Kyle y Scott.

Para ponerse en contacto con George C. Fraser, llame (216) 691-6686 x201 o por correo electrónico a gfraser@frasernet.com.

Créditos

Ustedes son mis socios de negocios, mis compañeros, mis confidentes, y mis amigos. Los reconozco como los muchos personajes necesarios, todos actuando como héroes en la película de mi vida. Algunas funciones pueden parecer más pequeñas que otras, pero todos han ayudado de una manera significativa. Yo no estaría donde estoy, ni seria lo que soy, sin mi 'grupo'.

Adrien de Boney
Ajamu Cummings
Ajay Gupta
Alvin Peters
Angela Sarro
Antonio Brooks
Arkell Cox
Familia Aurelia Mack
Barry Donaldson
Bayo Simmonds
Bernadette Evans
Bert Girigorie
C.Anthony y Donna Harris
Cedric Lauchner
Charles A. Parker
Chassidy Elliott
Chorn Grandison
Chris & Paula Delosreyes
Cindy Bagwell
Claytisha Walden
Curt y Tishina Anderson
Darren Aronow

Darryl Huckaby
David Motivador Pharel
Davino Richardson
Dawnell Schofield
Dennis & Francine Nelson
Donna Phillips
Dorien Jones-Smalls
Douglas Minton
Dwayne y Carlene Eddings
Everton Welch
Eric Thomas
Glen y Kali Caldwell
Glen y Tonya Younge
Henry Nelson
Howard Toomer
Inelle Cooper
Jamaal y Kamilla Cooper
James Deloius
Jasper Brewster
Jeneen Barlow
Jerome y Leigh Muleta
John & Dawn Tadloc
John y Kathy Smalls
Jovens Moncouer
Judy Martin
Kamilla Collier
Keith Blanca
Kenesha Traynham Cooper
Kenrick de Scott
Kevin Brown
Khye & Ryan Goings
Kinja Dixon
Ladonya Marrón
Lanza y Karmit Cooper
Latrice Lyde
Lesley Derenoncourt
Libbie Booker
Lino Solís
Lisa Nicole Nube
Mark & Kiet Bordley
Mark & Shedettah Richards
Marty & Isra Wynn
Meika José
Melba Bermúdez
Michelle Gall
Milton Davis
Mondez y Kayla Holloman
Nadina y Jean
Nicole Dotson Hewitt
Odelia McSween
Omarra Byrd
Oscar Solís
Paul Sealy
Penny & Sam McCullmn
Peter Huggins
Ricardo Suber
Richelle Williams

Robert Brown
Robert Cummins
Ron y Kathy Novotny
Sadiq & Crystal Coleman
Shaun Perkins
Shea y Shawn Flemming
Shireen Nelson
Stan y Chereace Richards
Steve & Nadia Delerme
Steve & Pasha Carter
Soleado y King Pinyin
Tammy Bastón Riley
Tani Cámaras
Ted Crawford
Tewan Lowe
Thomas Lytel
Tiffany Muff Cooper
Tillman & Lisa Doe
Todd & Kate Henches
Tupac Derenoncourt
Velda Flemming
Warren & Lennear Evans

Información De Contacto

WWW.LERRODSMALLS.COM

WWW.PRESENTLIKEAPRO.NET

FACEBOOK.COM/LERRODSMALLS

TWITTER.COM/LERROD

Más información sobre George C. Fraser se puede encontrar en

WWW.FRASERNET.COM

www.ingramcontent.com/pod-product-compliance
Lightning Source LLC
Chambersburg PA
CBHW070931210326
41520CB00021B/6893

9780692520185